Geschenke nähen aus Stoffresten

Michaela Gasser

Geschenke nähen aus Stoffresten

Kleine Mitbringsel für jeden Anlass

mitp

Bibliografische Information der Deutschen Nationalbibliothek

Die Deutsche Nationalbibliothek verzeichnet diese Publikation in der Deutschen Nationalbibliografie; detaillierte bibliografische Daten sind im Internet über https://portal.dnb.de/opac.htm abrufbar.

Bei der Herstellung des Werkes haben wir uns zukunftsbewusst für umweltverträgliche und wiederverwertbare Materialien entschieden.

Der Inhalt ist auf elementar chlorfreiem Papier gedruckt.

ISBN 978-3-7475-0928-9
1. Auflage 2024

www.mitp.de
E-Mail: mitp-verlag@lila-logistik.com
Telefon: +49 7953 / 7189 - 079
Telefax: +49 7953 / 7189 - 082

Lektorat: Janina Vervost
Schnittmuster: Michaela Gasser
Covergestaltung: Christian Kalkert
Satz: Petra Kleinwegen
Druck: ADverts in Riga, Lettland

Druckprodukt mit finanziellem
Klimabeitrag
ClimatePartner.com/18246-2410-1002

Inhaltsverzeichnis

Praktisches & Nützliches

Deko, Schmuck & Spiele

Karten & Geschenkverpackungen

Einleitung

Herzlich Willkommen in der Welt der Farben, der Stoffe und der Kreativität!

Wunderschöne Stoffe zu entdecken und zu kaufen, macht riesigen Spaß. Bewusster Konsum und Nachhaltigkeit sind in unserer Zeit jedoch wichtiger denn je.

Dieses Buch ist eine Einladung, Stoffresten und alten Stoffen neues Leben einzuhauchen und daraus persönliche einzigartiges Geschenke zu gestalten. Auch die Verwendung von Materialien wie Tetra Pak und alten Blechdosen ist eine wunderbare Möglichkeit bewusster und kreativer mit Ressourcen umzugehen. Die Anleitungen sind so gestaltet, dass viele Schritte meiner Projekte durch einfache Handgriffe und praktische Tipps auch ohne Vorwissen umsetzbar sind.

Handgefertigte Stücke, die aus einem Mix aus alten und neuen Materialien entstehen, erzählen eine Geschichte. Das Anfertigen, Verschenken oder selbst Behalten bereitet gleichermaßen Freude!

Ein herzliches Dankeschön an dieser Stelle an Bine Brändle, deren wunderbar bunte Stoffe ich für die Projekte im Buch verwendet habe.

Ich hoffe, dass dich dieses Buch inspiriert und ich wünsche dir viel Freude beim nachhaltigen Gestalten und Verschenken!

Schnittmuster

Für einige Nähprojekte wird ein Schnittmuster benötigt. Der gedruckten Version des Buchs liegt ein Schnittmusterbogen bei. Wenn du die E-Book-Version gekauft hast oder die Schnittmuster nicht abpausen möchtest, kannst du sie als PDF-Datei unter ***https://mitp.code-load.de/*** herunterladen und im A4-Format ausdrucken. Den Download-Code findest du auf Seite 43.

Materialien & Zubehör

In diesem Kapitel stelle ich dir einige Materialien vor, die in meinen Projekten immer wieder verwendet werden und in keinem Nähkästchen fehlen sollten.

Nähmaschinenfüße

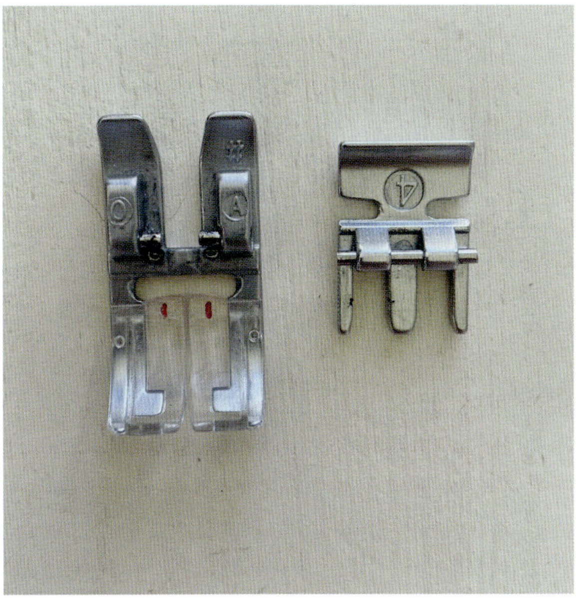

Ich benutze bei fast allen Nähprojekten den **Standardnähfuß**. Der Abstand zwischen mittlerer Nadelposition und rechter Fußaußenkante beträgt häufig standardmäßig 0,75 cm oder 0,5 cm, was sehr praktisch ist, um eine gleichmäßig breite Nahtzugabe zu erhalten.

Der Reißverschlussfuß ermöglicht, nahe der Reißverschlussraupe entlang zu nähen.

Nähmaschinennadeln

In diesem Buch werden ausschließlich nichtdehnbare Stoffe vernäht. Dafür ist eine Universalnadel mit der Stärke 70 oder 80 sehr gut geeignet.

Für Projekte mit Tetra Pak hat sich auch eine Jeansnadel bewährt.

Nahtauftrenner, Trickmarker, Patchworklineal

Wenn eine Naht nicht richtig sitzt oder die Stoffe versehentlich nicht links auf links, sondern andersrum vernäht wurden, ist ein **Nahtauftrenner** ein sehr nützliches Werkzeug. Er hat eine scharfe Klinge zwischen den spitzen Enden und schneidet Nähte exakt, ohne den Stoff zu beschädigen.

Mit dem **Trickmarker** werden Schnitte und Markierungen auf den Stoff übertragen. Die Farbe verschwindet je nach Modell nach einiger Zeit von selbst, durch Wärme oder beim Waschen. Natürlich kannst du auch ein Kopierrädchen oder einen Kreidestift verwenden.

Ein **Patchworklineal** besteht meist aus durchsichtigem Kunststoff. Es ermöglicht einerseits, den Stoff darunter zu sehen und den passenden

Abschnitt auszuwählen, andererseits wird das Einzeichnen von exakten Formen wie Quadraten, parallelen Linien oder Dreiecken erleichtert.

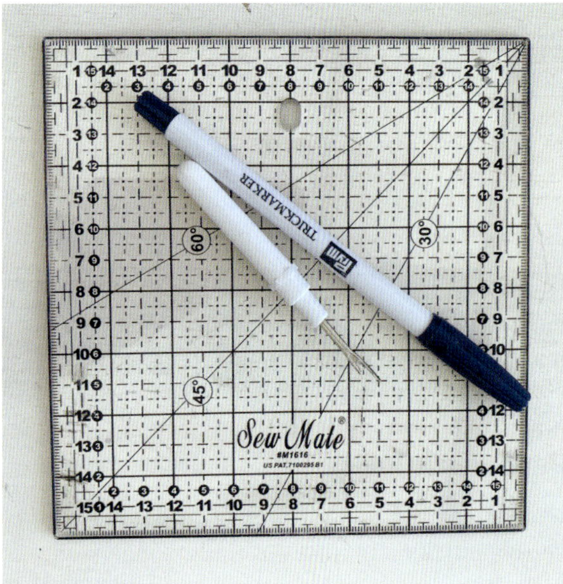

Scheren

Zum Schneiden von Papier, Karton und Tetra Pak verwende ich eine **Haushaltsschere**.

Zum Schneiden von Stoffen verwende ich meine sehr geliebte und gehütete **Stoffschere**. Ihre Klingen sind länger und schärfer als die einer Haushaltsschere. Sie schneidet den Stoff, ohne ihn auszufransen. Meine Kinder wissen genau, dass sie damit keine anderen Materialien wie Papier schneiden dürfen, weil sie sonst stumpf wird.

Die **Zackenschere** hinterlässt durch ihre gezackte Klinge eine zackenförmige Schnittkante. Bei Stoffen, die nicht versäubert werden, bleibt der Stoff stabiler und franst weniger aus.

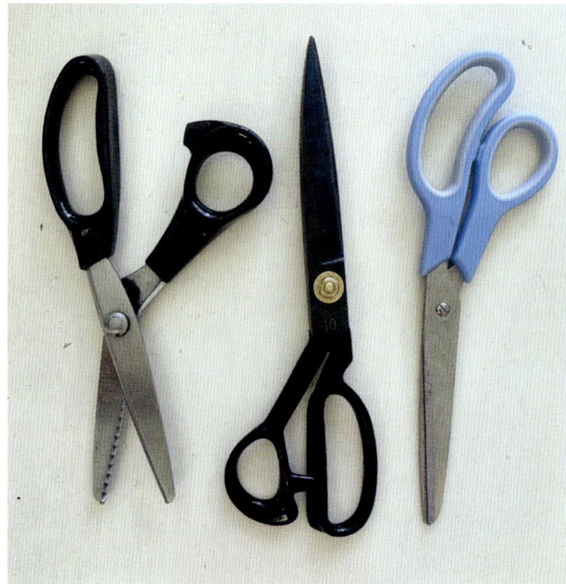

Stoffe

In meinen Projekten verwende ich **nicht dehnbare Stoffe** wie Webware, Kunstleder oder Filz.

Jeansstoff ist noch mal ein eigenes Thema. Ich verwende gerne ausgediente Jeans meiner Kinder, einerseits um nachhaltig zu arbeiten, andererseits, weil ich es schön finde, häufig getragene, vertraute Kleidungsstücke in den neuen Werken wiederzuerkennen.

Da Jeanshosen häufig einen Elastan-Anteil haben, verstärke ich den Stoff mit dünnem Bügelvlies.

Damit ist er nicht mehr dehnbar und leichter zu verarbeiten. Eine Anleitung hierzu findest du im Kapitel »Spezielle Techniken« auf Seite 116.

Nähgarn

Hochwertiges Nähgarn aus Baumwolle oder Polyester eignet sich für beinahe alle Stoffe und Näharbeiten. Es lohnt sich, auf Qualität zu achten, weil billige Garne oft aus kurzen Fasern hergestellt sind und leicht reißen oder Knötchen bilden.

Tipp

Mit buntem Garn kannst du zusätzlich spannende Akzente setzen.

Vlies

Vlies ist ein textiles Produkt, das aus gepressten oder gewalkten Fasern besteht und zum Füttern, Dämmen oder Verstärken verwendet wird.

Für meine Projekte verwende ich gerne **Bügelvlies**. Zum einfachen Verstärken nehme ich am liebsten H250, zum Applizieren **Vliesofix** (siehe hierzu auch die Anleitung im Kapitel »Spezielle Techniken«).

Weiteres Zubehör

Für viele der Projekte in diesem Buch benötigst du außerdem:

- ein Bügeleisen
- Handnähnadeln
- Füllwatte
- Schrägband (siehe auch Seite 117)
- Druckknöpfe oder Kam Snaps
- Tetra Pak (siehe Seite 119)

Die genauen Materialangaben findest du bei den einzelnen Projekten.

Notizbuchhülle aus Tetra Pak und Stoffresten

Material:

- 1 Getränkekarton aus Tetra Pak
- Notizblock A6 (10,5 x 14,8 cm)
- Baumwollstoff, ca. 19 x 28 cm (Hülle)
- Baumwollstoff, ca. 18 x 11 cm (Innentaschen)
- Filz, ca. 17 x 26 cm (Innenfutter)
- Filz, ca. 17 x 17 cm (Fächer)
- Schrägband, ca. 38 cm, Borte ca. 19 cm
- Gummiband, 1 cm breit, 20 cm + 4 cm lang
- 2 Druckknöpfe oder Kam Snaps
- **Optional:** Bügelvlies für die Außenseite

Trotz der allgegenwärtigen Digitalisierung trage ich gerne auch einen Notizblock bei mir. Ich mag das Gefühl, auf Papier zu schreiben, und mache mir auch ab und zu gerne eine Skizze oder eine Zeichnung.

Ich habe für dieses Projekt einen A6-Block ohne Deckblatt verwendet, weil ich die Größe sehr handlich finde. Tetra Pak verleiht der Hülle Stabilität und ist sogar wasserabweisend. Und ich freue mich jedes Mal, wenn ich meine Hülle aus bunten Stoffen in meinen Lieblingsfarben aus der Handtasche hervorkrame.

1. Schritt

Aus einem sauberen getrockneten Getränkekarton schneidest du ein Rechteck mit den Maßen 17 x 26 cm aus.

Die Falzlinien werden später durch das Bügeln abgemildert. Wenn sie dich sehr stören und du nicht möchtest, dass sie sich durch den Stoff abzeichnen, empfehle ich dir, auf der Außenseite ein Stück Bügelvlies als Einlage zu benutzen.

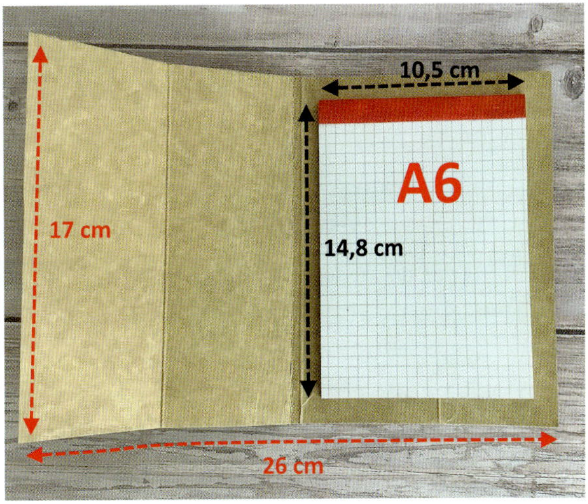

2. Schritt

Bügle den Baumwollstoff mit umlaufend 1 cm Überstand auf die nicht bedruckte Seite des Tetra Paks, schlage den Überstand um und bügle ihn auf der Innenseite fest.

Für Details zur Verarbeitung von Tetra Pak siehe Kapitel »Spezielle Techniken« (Seite 119).

Markiere die Mitte und nähe die Borte ca. 0,5 cm von der Mittellinie entfernt auf der zukünftigen Vorderseite an. Lass die Borte ca. 2 cm überstehen. Bei einer Borte mit Bommeln entferne von diesen Teilen vorsichtig die Bommeln, damit du sie nachher gut unter dem Filz auf der Rückseite festnähen kannst.

3. Schritt

Lege die fertige Außenseite der Hülle mit der linken Seite nach unten auf deinen Filz, zeichne die Umrisse nach und schneide das Rechteck aus.

Tipp

Ich empfehle dir, Bastelfilz mit der Stärke 1 mm zu verwenden. Er ist widerstandsfähiger und leichter zu reinigen als Wollfilz. Er ist außerdem formstabil und ohne Probleme mit der Nähmaschine zu verarbeiten.

4. Schritt

Markiere bei deinem Stück Filz oben und unten mit einer Stecknadel die Mitte.

Lege den Notizblock mittig auf die aufgeklappte rechte Seite.

Schneide mit dem Cuttermesser 2 cm vom oberen Rand entfernt einen Schlitz von ca. 10,5 cm, also der Breite des Notizblocks.

Schiebe die stabile Kartonunterlage durch den Schlitz.

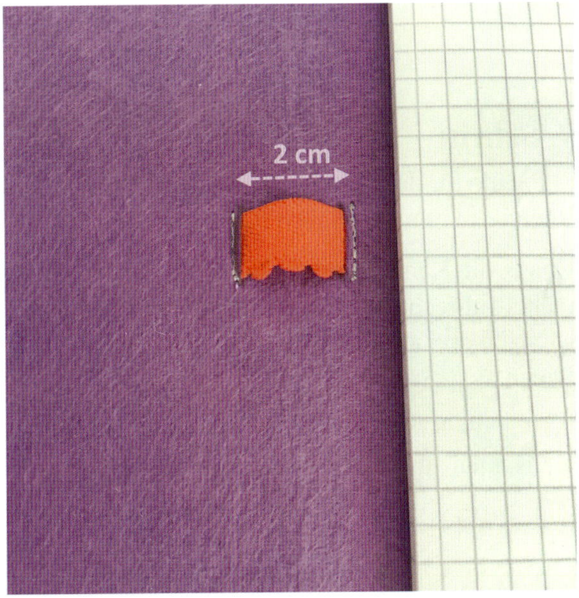

5. Schritt

Nun wird die Halterung für einen Stift genäht. Schneide mit dem Cuttermesser zwei Schlitze. Sie liegen ca. 1 cm rechts und links der Mittellinie, also 2 cm voneinander entfernt.

Schiebe das Gummi mit einer Länge von 4 cm durch die beiden Schlitze. Du kannst dabei die Spitze der Schere zu Hilfe nehmen. Damit das Gummi nachher eine gewisse Festigkeit hat und der Stift nicht herausrutscht, probiere mit einem Stift aus, was die ideale Spannung für dich ist.

Nähe das Gummi dann knappkantig fest. Idealerweise verwendest Du dabei farblich abgestimmtes Garn. Ich habe hier das weiße Garn wegen der besseren Sichtbarkeit verwendet.

6. Schritt

Du benötigst jetzt die zwei kleinen Filzteile für die Seitenfächer. Schneide sie in den angegebenen Maßen zurecht und fasse sie auf einer der langen Seiten mit Schrägband ein. Ich habe unterschiedliche Farben verwendet.

Bestimme die Mitte der Längsseite, indem du den Filz zur Hälfte faltest. Setze eine Markierung mit einem Trickmarker und nähe auf dieser Mittellinie mit einem Geradstich bis zur Kante des ersten Schrägbands. Du teilst das kleinere Fach damit in zwei Fächer.

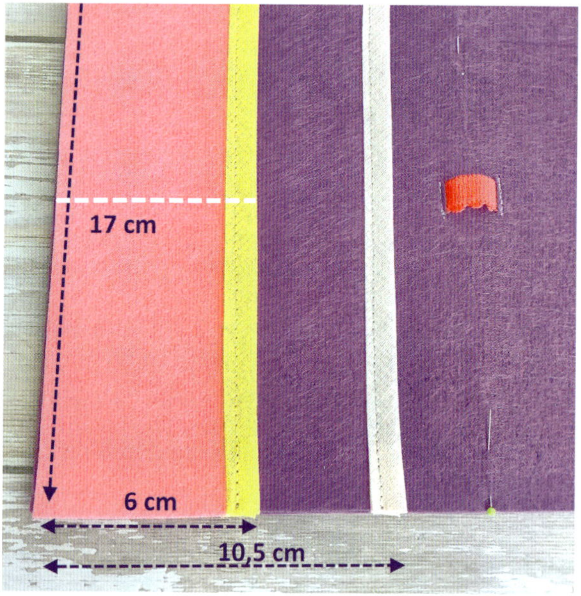

7. Schritt

Schneide für die Klappen der Seitentaschen 4 Rechtecke mit den Maßen 9 x 5,5 cm aus.

Runde die Kanten ab, lege jeweils zwei Teile rechts auf rechts und nähe mit einem Geradstich die drei auf der Abbildung eingezeichneten Seiten.

Wende die Klappen auf die rechte Seite, forme die Kanten aus und bügle sie in Form.

8. Schritt

Bügle die offene Längsseite bei beiden Klappen ca. 0,5 cm nach innen.

8

9. Schritt

Positioniere die Klappen 0,5 cm vom Schrägband des kleinen Faches entfernt auf dem größeren Seitenfach. Die Seiten der Klappen, die du in geschlossenen Zustand sehen möchtest, zeigen dabei nach unten.

10. Schritt

Befestige die Druckknöpfe oder Kam Snaps nach Angabe des Herstellers. Positioniere das fertige Seitenteil auf der später sichtbaren Seite des großen Filzrechtecks und fixiere sie mit Klammern.

9

10

11. Schritt

Wenn du das fertige Innen- und Außenteil deines Umschlags gut mit Klammern aufeinander fixiert hast, beginne mit dem Zusammennähen. Nähe am besten auf der Stoffseite und beginne bei der unteren Mitte.

Das Befestigen des Gummis, das dein Notizbuch am Ende zusammenhält, ist ein wenig tüftelig.

Schau dir noch einmal auf der Abbildung des aufgeklappten Notizbuches auf Seite 12 an, wo das Gummiband eingenäht werden soll.

Wenn du beim Zusammennähen bei der rechten oberen Ecke angelangt bis, lege das Gummi ca. 1,5 cm vom Rand entfernt zwischen Außen- und Innenstoff.

12. Schritt

Du hast jetzt das erste Ende des Gummis eingenäht und nähst die darauffolgende Breitseite.

An der rechten unteren Ecke wird das zweite Ende eingenäht. Das Gummi sollte etwas Spannung haben, dabei gehst du am besten wie in der Abbildung vor: Ziehe das Gummiband schräg zur Seite, um Platz zu schaffen, und schiebe das zweite Ende auf derselben Höhe wie das erste Ende zwischen die beiden Schichten.

Nähe das Gummi fest und sichere das Ende der Naht mit einem Rückstich.

13. Schritt

Hebe den Nähfuß, schiebe das Gummiband nach hinten und beginne exakt am Ende der vorigen Naht die nächste Naht.

Nähe bis zur Mitte, wo du begonnen hast, und sichere die Naht mit einem Rückstich.

Sollte an den Rändern noch Filz überstehen, kannst Du ihn vorsichtig zurückschneiden.

Achte darauf, nicht den Außenstoff einzuschneiden.

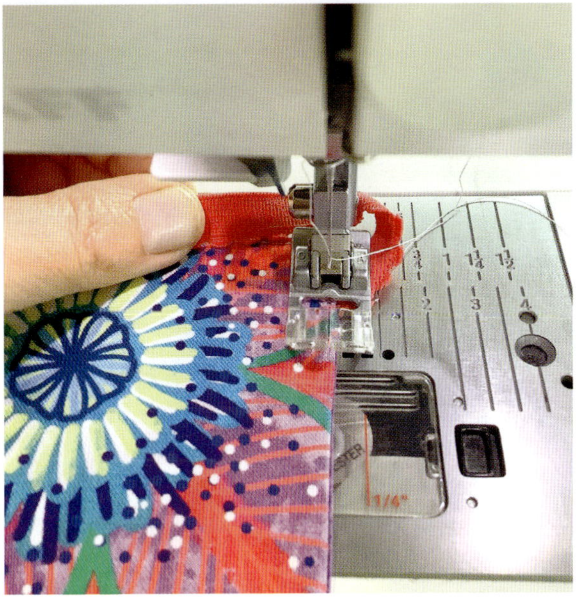

Deine Notizbuchhülle ist fertig. Du kannst mit verschiedenen Stoffmustern und Farben experimentieren oder die Außenseite mit geplotteten Namen oder Sprüchen personalisieren.

Ich wünsche dir viel Spaß!

herzensmensch
herzensmensch

Tasche im Kassettendesign aus Stoffresten

Material:

- **Stoff 1:** kleinstes Mittelteil, 2x: 5,5 x 3,5 cm
- **Stoff 2:** kleines Mittelteil, 2x: 10,5 x4,5 cm
- **Stoff 3:** großes Mittelteil, 1x: 15 x 9 cm
- **Stoff 4:** 4 Streifen zur Umrandung des Mittelteils: 2x: 9 x 5,5 cm
1x: 24,5 x 4,5 cm
1x: 24,5 x 6 cm
Für die Rückseite: 1x: 24,5 x 16,5 cm
- **Stoff 5:** später abgeschrägtes Teil, 1x: 16 x 8 cm
- **Stoff 6 (Innenfutter):** 2x: 24,5 x 16,5 cm
- Stoffrechtecke für Reißverschluss, 6 x 2 cm
- Schrägband, ca. 11 cm
- Stickgarn, ca. 25 cm
- Reißverschluss, 25 cm
- 2 Knöpfe
- **Optional:** geplotteter Schriftzug oder Textil-marker

Eine Nahtzugabe von 0,5 cm ist, wenn nicht anders erwähnt, in den Angaben ent-halten.

Ich erinnere mich mit nostalgischen Gefühlen an die alten Musikkassetten und daran, wie wir am Wochenende die Hitparade hörten und mit dem Finger am Aufnahmeknopf auf unsere Lieblings-hits warteten.

Eine Kassettentasche zu nähen ist ein tolles DIY-Projekt, das Funktionalität und Retro-Feeling vereint. Die 70er-Jahre waren durch farbenfrohe, gemusterte Stoffe geprägt, die den Vintage-Stil zusätzlich betonen. Ich habe für die Vorderseite fünf verschiedene Stoffe kombiniert. Du kannst es natürlich auch schlichter halten.

1. Schritt

Als Erstes brauchst du jeweils zweimal **Stoff 1** und **2**. Lege sie rechts auf rechts aufeinander und nähe mit einem Geradstich und einer Nahtzugabe von 0,5 cm wie in der Abbildung gezeigt rundherum. Die Wendeöffnung bleibt ausgespart.

Wende auf rechts und forme die Ecken mit einem Kantenformer sorgfältig aus. Bügle die Nahtzugabe der Wendeöffnung nach innen. Sie wird erst durch das Aufnähen auf das Hauptteil verschlossen. Lege die beide Teile inzwischen zur Seite.

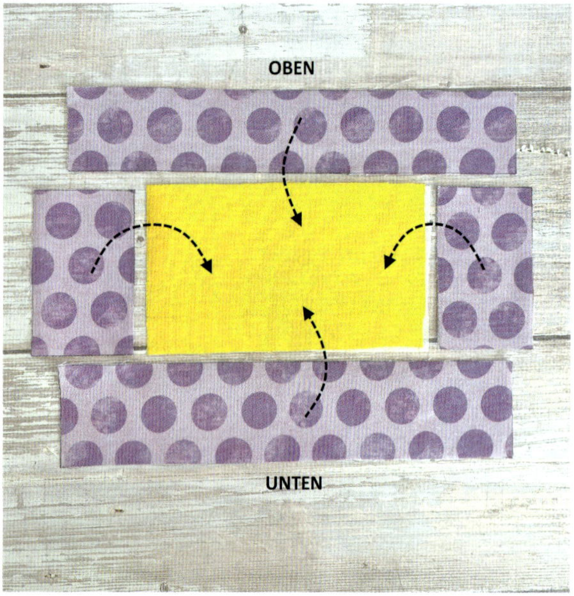

2. Schritt

Nimm das große Mittelteil (**Stoff 3**) zur Hand. Die Seitenteile (**Stoff 4**) werden jetzt an das Mittelteil genäht:

Beginne mit den kleinen Teilen, lege sie rechts auf rechts auf das Mittelteil und nähe sie mit einem Geradstich fest. Klappe die Seiten wieder nach außen, bügle die Nahtzugabe auseinander und steppe knappkantig von rechts ab.

Wiederhole diese Schritte mit den langen Seitenteilen.

Das schmalere der beiden langen Seitenteile liegt oben. Hier wird später der Reißverschluss eingenäht.

3. Schritt

Positioniere das kleine Mittelteil (**Stoff 2**) 1 cm vom unteren Seitenteil entfernt mittig auf dem großen Mittelteil. Steppe es knappkantig mit einem Geradstich fest. Darauf wird mittig das kleinste Mittelteil festgenäht.

Nähe, wie in der Abbildung unten gezeigt, zwei Knöpfe mit Stickgarn fest und nähe auf das kleinste Teil zwei Kreuze. Klappe die Enden des Schrägbands nach hinten und steppe es mittig mit gleichfarbigem Nähgarn fest.

Nimm jetzt **Stoff 5** zur Hand und falte die kurze Seite zur Hälfte (rechts auf rechts). Miss an der Falte jeweils 1,5 cm von der Außenkante und verbinde die Punkte mit den unteren Ecken.

4. Schritt

Schneide direkt an der eben gezeichneten Linie entlang und nähe die beiden Schrägseiten knappkantig mit einem Geradstich fest. Vergiss nicht, am Anfang und am Ende den Faden zu verriegeln.

Wende auf rechts, forme die Kanten aus und bügle sie sorgfältig glatt.

Positioniere das Teil mittig am unteren Rand der Tasche und steppe es knappkantig fest.

Die lange Unterkante wird erst durch das Zusammennähen der Tasche geschlossen.

5. Schritt

Optional: Beplotte oder beschrifte das Schrägband.

Falte die Rechtecke für den Reißverschluss in der Mitte links auf links und nähe sie mit einem Geradstich an die Enden des Reißverschlusses.

Um die richtige Position zu finden, legst Du den Reißverschluss an die obere Kante des Vorderteils. Die seitlich angenähten Rechtecke sollten 2 cm vom Rand entfernt sein.

Du brauchst für den nächsten Schritt außerdem das Rückteil und die beiden Innenteile.

6. Schritt

Lege das Vorderteil mit der rechten Seite nach oben vor dich.

Positioniere den Reißverschluss mit dem Zipper nach unten an der rechten Seite der Oberkante.

Darauf kommt rechts auf rechts ein Innenteil.

Fixiere das Reißverschluss-Sandwich mit Klammern und nähe an der Oberkante mit dem Reißverschlussfuß alle Lagen mit einem Geradstich zusammen.

Falte die Teile dann links auf links und bügle die Kanten vom Reißverschluss weg.

7. Schritt

Diese Schritte werden jetzt an der freien Reißverschluss-Seite wiederholt:

Das zweite Innenteil liegt mit der rechten Seite nach oben vor dir.

Lege die freie Reißverschluss-Seite an die Oberkante des Innenteils. Darauf wird das Rückteil mit der rechten Seite nach unten positioniert.

Fixiere alles mit Klammern und steppe es mit dem Reißverschlussfuß fest.

8. Schritt

Klappe die Außenstoffe mit den dazugehörigen Innenstoffen zur Seite.

Steppe Außen- und Innenstoff knappkantig am Reißverschluss mit einem Geradstich zusammen.

Klappe jetzt die Außenstoffe auf die eine und die Innenstoffe auf die andere Seite und nähe wie in der Abbildung gezeigt unter Aussparung der Wendeöffnung rundherum.

Wende auf rechts, forme die Kanten aus, verschließe die Wendeöffnung und erfreue dich an deiner Vintage-Kassettentasche!

herzensmensch

Bienenwachstücher aus Stoffresten

Material:

- 25 x 25 cm große Stoffreste
- Bienenwachspastillen, ca. 50 g für 3 Tücher
- **Optional:** Jojobaöl
- 2 Blätter Backpapier
- Banderole (Vorlage zum Ausdrucken siehe Seite 43)

Bienenwachstücher sind eine tolle Alternative zu Alu- und Plastikfolie. Sie sind wiederverwendbar, biologisch abbaubar und ermöglichen eine nachhaltige Methode, Lebensmittel aufzubewahren.

Das Bienenwachstuch kann mit warmen Händen in Form gedrückt werden, um Schüsseln abzudecken oder ein Sandwich einzuschlagen. Bienenwachs wird bei ca. 60° flüssig, es darf also nicht in den Geschirrspüler oder die Waschmaschine, sondern nur mit etwas Handspülmittel und warmem Wasser gereinigt werden.

1. Schritt

Schneide dir Tücher in deinen gewünschten Größen zu. Das Praktische an selbst gemachten Wachstüchern ist, dass du sie der Größe deiner Schüsseln anpassen kannst. Zum Verschenken bietet sich ein Dreierset in unterschiedlichen Größen an.

Ich habe Quadrate von 25 x 25 cm ausgeschnitten. Die Ränder werden später durch das Wachs versiegelt und fransen nicht aus. Ich habe trotzdem die Zackenschere verwendet, weil mir der gezackte Rand gefällt.

2. Schritt

Lege ein großzügiges Stück Backpapier auf eine hitzefeste Unterlage. Darauf kommt dein Stück Stoff. Bestreue es mit Bienenwachspastillen. Nimm zuerst lieber weniger Pastillen, das Tuch kann nur eine bestimmte Menge Wachs aufnehmen. Es sollte gut durchtränkt sein, aber keine Wachsablagerungen haben.

Ich habe reines Bienenwachs verwendet, dem auch eine antiseptische Wirkung nachgesagt wird, wodurch es bestens geeignet ist, um Lebensmittel darin zu verpacken.

3. Schritt

Lege das zweite Stück Backpapier auf den Stoff und bügle mit ca. 60 Grad. Dass sich das Wachs verflüssigt, siehst du an den sich ausbreitenden dunklen Stellen.

Schiebe das flüssige Wachs mit etwas Druck über den Stoff, bis alles gleichmäßig durchtränkt ist.

Tipp

Das überschüssige Wachs, das seitlich des Tuchs hinaus gedrückt wird, kannst du für das nächste Tuch wiederverwenden: Einfach im trockenen Zustand vom Backpapier ziehen und auf den Stoff legen.

4. Schritt

Ziehe das obere Backpapier ab, solange das Tuch noch warm ist. Du kannst jetzt mit einem Silikonpinsel ein wenig Jojobaöl auf dem Stoff verstreichen, dadurch wird er nachher geschmeidiger.

Alternativ kannst du auch Sonnenblumenöl oder Kokosöl verwenden. Bei diesen Ölen kann jedoch mit der Zeit ein leicht ranziger Geruch entstehen.

Bedecke den Stoff wieder mit dem Backpapier und bügle noch einmal, damit sich das Öl und das Wachs verbinden können.

5. Schritt

Ziehe das Backpapier auseinander und nimm den Stoff an einer Ecke. Schwenke ihn durch die Luft, er verhärtet sich nach wenigen Augenblicken.

Wenn du das Tuch verschenken möchtest, kannst du es mit der Banderole verpacken. Die Vorlage hierfür findest du bei den Downloads zum Buch (siehe Seite 43). Sie beinhaltet Pflegehinweise und auch den Rat, kein rohes Fleisch oder Fisch mit dem Wachstuch zu verpacken. Ich habe sie auf Kraftpapier ausgedruckt und an der Rückseite mit einem Klebstreifen verschlossen.

Fertig sind deine selbstgemachten Wachstücher!

Kosmetikpads mit Aufbewahrungsbox aus Tetra Pak und Stoffresten

Material:

- 1 Getränkekarton aus Tetra Pak
- Baumwollstoff, ca. 30 x 30 cm (entspricht ca. 7,5 x 7,5 cm pro Pad)
- Filz, ca. 30 x 30 cm für die Box
- Handtuch bzw. Frotteestoff, ca. 30 x 30 cm (entspricht ca. 7,5 x 7,5 cm pro Pad)
- Satinband, ca. 112 cm
- Doppelseitiges Klebeband (z.B. Stylefix)

Kosmetikpads aus Stoffresten und einem ausgedienten Handtuch zu nähen, ist eine nachhaltige Alternative zu Wegwerf-Wattepads.

Mit der passenden Box sind sie ein hübsches und praktisches Mitbringsel oder ein funktionales Dekoelement für dein Badezimmer.

1. Schritt

Wasche und trockne den Getränkekarton.

Schneide mit einem Cuttermesser das obere Teil ab, sodass nur noch der Boden und die Seitenwände mit einer Höhe von 10 cm stehen bleiben.

Schneide dann mit der Schere entlang der Falzlinien bis zum Boden. Trockne den Karton noch einmal gründlich, damit er sich später gut mit dem Stoff verbinden lässt.

2. Schritt

Schneide ein Stück Stoff so zurecht, dass er das Tetra Pak bedeckt und rundherum ca. 1,5 cm übersteht.

Tipp

Die Quadrate, die du an den vier Ecken des Stoffs ausschneidest, kannst du nachher für die Pads verwenden.

3. Schritt

Bügle den Stoff-Überstand nach hinten um, dafür musst du ihn an den Ecken rund um den Boden einschneiden.

Eine genauere Beschreibung für das Arbeiten mit Tetra Pak findest du im Kapitel »Spezielle Techniken« (Seite 119).

4. Schritt

Schneide 8 Stücke Satinband zu je 14 cm zurecht und positioniere sie, wie auf der Abbildung zu sehen, schräg an den äußeren Ecken. Fixiere sie mit doppelseitigem Klebeband (zum Beispiel Stylefix).

Falls du eine Verzierung, wie z.B. eine Borte, hinzufügen möchtest, kannst du sie jetzt am oberen Rand annähen. Du brauchst 1-2 cm Überstand, um sie auf die Rückseite umschlagen zu können.

Nähe jetzt den Filz auf die Rückseite.

Du kannst den Filz etwas größer zuschneiden und erst nachdem du die beiden Schichten zusammengenäht hast, zurückschneiden.

4a

4b

4c

5. Schritt

Knote die Ecken mit einer Schleife zusammen und schneide sie ggf. zurück.

6. Schritt

Schneide für die Pads Stoff-Quadrate mit einer Seitenlänge von ca. 7,5 cm. Du kannst die Ecken abrunden. Effektiver ist es, einfache Quadrate zu schneiden und dann die Ecken später beim Zusammennähen etwas abzurunden.

7. Schritt

Lege die Baumwollquadrate mit der rechten Seite nach unten auf ein Handtuch oder Frotteestoff. Knote die Ecken mit einer Schleife zusammen und schneide sie ggf. zurück.

8. Schritt

Nähe die Baumwollquadrate mit dem Frottee rechts auf rechts zusammen. Ich habe alle nebeneinander auf ein Handtuch gelegt und dann ausgeschnitten.

Vergiss nicht, eine Wendeöffnung offen zu lassen!

Tipp

Beginne knapp vor einer Ecke zu nähen und stoppe knapp nach der 4. Ecke, damit Du nach dem Wenden nur ein gerades Stück schließen musst.

9. Schritt

Wende die Pads auf rechts und bügle die Wendeöffnung nach innen.

Nähe einmal rundherum und verschließe damit automatisch die Wendeöffnung.

Die Pads können genauso wie Wattepads verwendet werden. Zum Waschen solltest du sie in ein Wäschenetz geben und sie anschließend am besten an der Luft trocknen lassen. Wenn du sie heiß bügelst, kommen sie wieder in Form und gleichzeitig werden Keime und Bakterien abgetötet.

Mini-Portemonnaie aus Tetra Pak und Stoffresten

Material:

- 1 Getränkekarton aus Tetra Pak
- Stoffrest, ca. 20 x 10 cm
- Bastelfilz, ca. 20 x 10 cm
- 1 Kam Snap bzw. Druckknopf
- Bügeleisen

Aus einer Safttüte kannst du im Handumdrehen ein kleines, stabiles und sogar wasserabweisendes Mini-Portemonnaie zaubern. Am besten machst du gleich ein paar auf Vorrat, um jederzeit ein passendes kleines Mitbringsel zur Hand zu haben. Das Portemonnaie ist ca. 7 x 8 cm groß.

Tipp

Die kleinen Portemonnaies eignen sich auch hervorragend als Verpackung für einen Gutschein oder ein Geldgeschenk.

1. Schritt

Schneide den Getränkekarton oben auf und entferne den Teil mit der Gießöffnung. Wasche den Karton mit warmem Wasser und Spülmittel gründlich aus und lass ihn gut trocknen.

Schneide die Tüte quer, so kannst du die vorgefalzten Linien nutzen. Diese liegen in meinem Beispiel jeweils 7 cm auseinander, das heißt, Teil 1 + 2 werden zu Vorder- und Rückseite. Kürze Teil 3 auf 4 cm. Runde die Ecken ab. Du kannst eine Schüssel zu Hilfe nehmen, um die Ecken gleichmäßig zu runden.

Weiterhin brauchst du ein Quadrat von 7x7 cm. Zeichne eine Diagonale ein. Das werden später die Flügel des Portemonnaies.

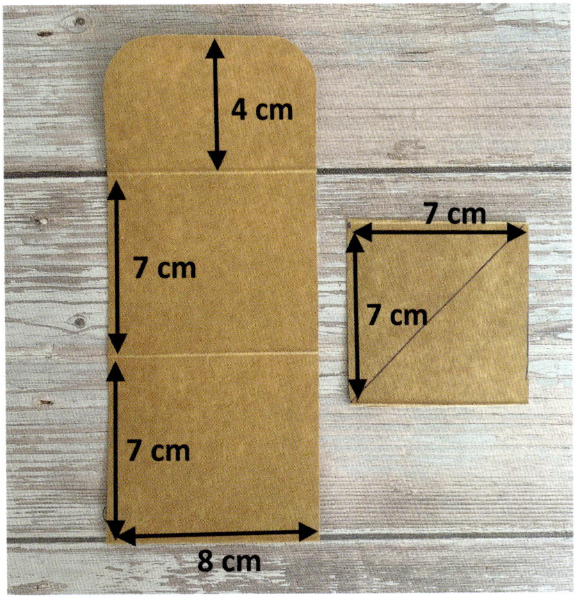

2. Schritt

Schneide ein Stück Stoff so zurecht, dass es den Karton rundum um ca. 1,5 cm überragt, bügle ihn sorgfältig fest, schneide den Stoff an den Rundungen und Ecken jeweils 4 Mal ein, damit sich der Überstand faltenfrei nach innen bügeln lässt.

Lege ein Stück Filz auf die Unterseite, es kann ruhig ein wenig überstehen, und nähe es knappkantig fest. Schneide den Filz rundum zurück.

Mehr Details zum Thema Tetra Pak findest du im Kapitel »Spezielle Techniken« (Seite 119).

3. Schritt

Beziehe auch die Flügel wie in Schritt 2 geschrieben mit Stoff und falte sie in der Mitte. Die Falte geht von der Mitte der langen Seite bis zur gegenüberliegenden Ecke.

Lege die Ecke, an der die beiden 7 cm langen Seiten zusammentreffen, an die erste vorgefalzte Linie des Hauptteils und steppe die Seite des Flügels, wie auf der Abbildung gezeigt, knappkantig mit einem Geradstich an das Hauptteil.

Nähe den zweiten Flügel auf der anderen Seite genauso an.

4. Schritt

Der nächste Schritt ist etwas knifflig.

Befestige die zweite 7cm lange Seite mit Klammern. Die Spitze beider Flügel trifft dabei auf die 2. vorgefalzte Linie.

5. Schritt

Steppe die zweite Seite der Flügel fest.

Klappe die Vorderseite mit den bereits angenähten Flügelteilen komplett zur Seite, um die Naht besser bis zur Ecke verschließen zu können.

Das könnte etwas schwierig sein, aber mach dir keine Gedanken über Falten im Tetra Pak, du kannst sie ganz einfach wieder ausbügeln, wenn die Flügel angenäht sind.

6. Schritt

Nun bringst du noch einen Kam Snap bzw. Druckknopf etwa 1 cm vom Rand entfernt an.

Miss dafür die Mitte der Klappe aus und bohre ein Loch mit einer Ahle oder einer spitzen dickeren Nadel.

Markiere mit einem Stift durch das Loch hindurch die Stelle für den zweiten Teil des Druckknopfs.

Befestige dann den Druckknopf nach Anleitung des Herstellers.

Dein Tetra-Pak-Upcycling-Portemonnaie ist schon fertig, ich wünsche dir viel Spaß damit!

Downloadcode für die Schnittmuster

Gib den folgenden Code auf der Seite

https://mitp.code-load.de/

in das Textfeld ein und klicke auf »Einlösen«, um die Schnittmuster und Download-Dateien herunterzuladen.

Download-Code:
6e1exac78x

Taschentuch-Box aus Tetra Pak und Stoffresten

Material:

- 1 Getränkekarton aus Tetra Pak
- Stoffrest, ca. 20 x 14 cm
- **Optional:** Filz in derselben Größe
- 1 Packung Taschentücher
- Borten und Verzierungen, je nach Lust und Laune
- Bügeleisen
- **Schnittmuster:** Taschentuch-Box, Teil 1 (Anleitung siehe Seite 46)

Taschentuch-Boxen sind als kleines Mitbringsel in der kalten Jahreszeit eine sehr nette Idee. Aus Tetra Pak und einem kleinen Stoffrest kannst du mit wenig Zeitaufwand eine hübsche Hülle für eine handelsübliche Packung Taschentücher zaubern.

1. Schritt

Schneide den leeren, sauberen Milchkarton an der verklebten Seite auf und entferne den Boden.

Im Kapitel »Spezielle Techniken« (Seite 119) findest du wertvolle Tipps für das Arbeiten mit Tetra Pak.

2. Schritt

Übertrage das Schnittmuster auf die Innenseite des Kartons.

Tipp

Das funktioniert am besten mit einem wasserfesten Stift, du kannst aber auch einen Kugelschreiber verwenden.

Um die Öffnung zu übertragen, fertigst du eine Schablone aus Papier und zieht den Umriss nach. Die gestrichelten Linien werden mit einem Kugelschreiber und Lineal gefalzt, um sie später besser knicken zu können.

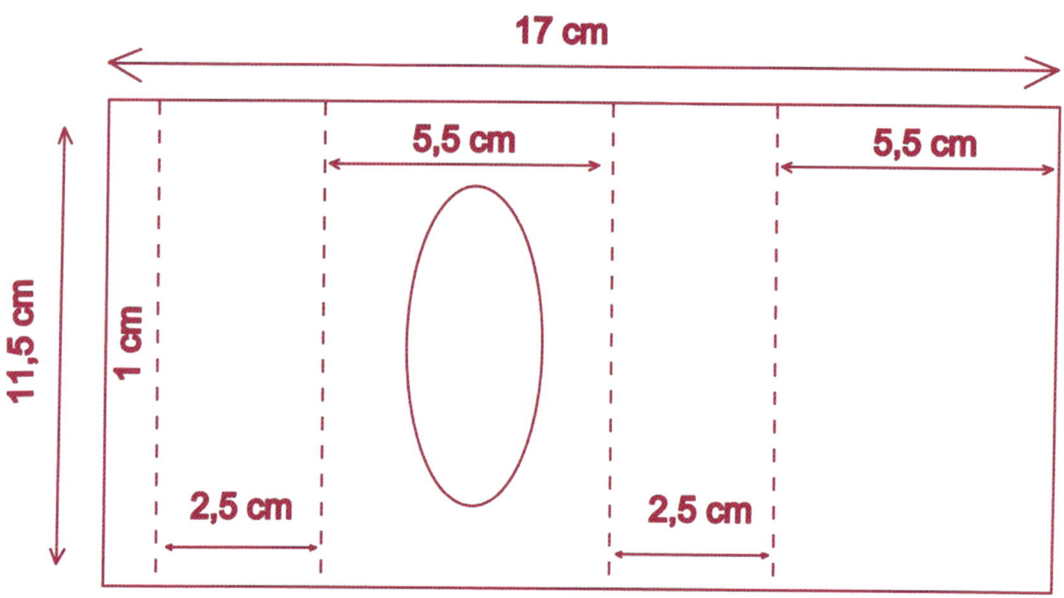

3. Schritt

Lege ein Stück Stoff mit ca. 1,5 cm Überstand auf allen Seiten auf dein zugeschnittenes Stück Tetra Pak und bügle es mit etwas Druck bei mittlerer Hitze fest.

Tipp

Achte darauf, dass auch die Ecken und Ränder gut festgebügelt sind, damit der Stoff später keine Falten wirft.

4. Schritt

Bügle nun den Überstand mit leichtem Zug auf die Rückseite. Klappe dafür zuerst die Ecken nach innen.

An gebogenen Rändern muss der Stoff mehrfach eingeschnitten werden, um die Rundung besser herausarbeiten zu können.

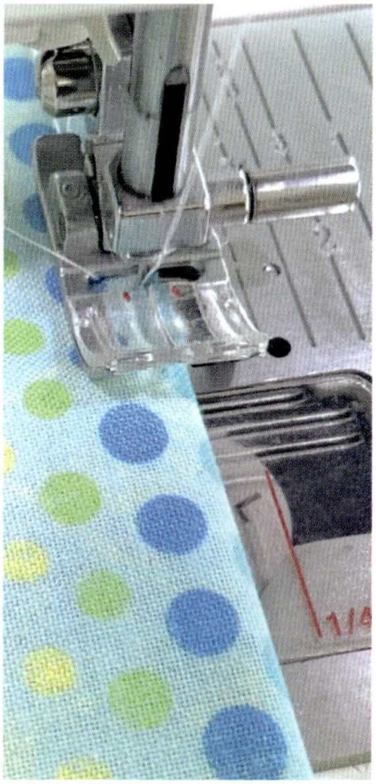

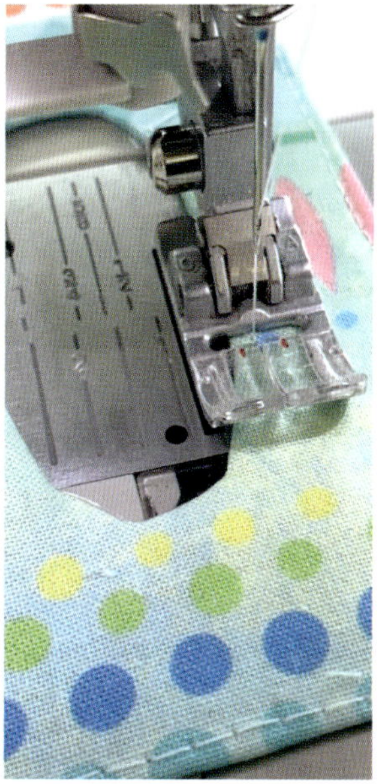

5. Schritt

Steppe im nächsten Schritt die äußeren Kanten und den Rand der Öffnung knappkantig mit einem Geradstich ab. Ich habe eine Stichlänge von 3,5 verwendet.

Wenn dich der unversäuberte Stoff auf der Innenseite der Taschentuch-Box stört, kannst du im Kapitel »Spezielle Techniken« (Seite 120) nachlesen, wie man die Innenseite mit Filz »füttert«.

6. Schritt

Schließe die Box, indem du die kurze Lasche nach innen faltest. Sie kommt auf der Innenseite der anderen offenen Kante zu liegen.

Schließe die Box mit einer knappkantigen Naht.

7. Schritt

Schiebe von der Seite eine Packung Taschentücher in die Box und schneide am Rand der Öffnung die Verpackung ebenso oval aus.

Du kannst das oberste Taschentuch ein wenig herausziehen und schon ist Deine Taschentuch-Box fertig zum Verschenken!

Viel Spaß damit!

Schlüsseltäschchen aus Tetra Pak und Stoffresten

Material:

- 1 Getränkekarton aus Tetra Pak
- Stoffreste aus Baumwollstoff:
  1x: ca. 20 x 9 cm (Außenseite)
  2x: 11 x 9 cm (Innenseite)
  1x: 18 x 9 cm (Einstecktasche)
- Schrägband:
  5 cm (Lasche)
  ca. 52 cm (Umrandung)
- 1 Kam Snap bzw. Druckknopf
- **Schnittmuster:** Schlüsseltäschchen, Teil 1

Schlüsseltäschchen sind praktische Alltagsbegleiter, die verhindern, dass Schlüssel in der Tasche oder im Rucksack andere Gegenstände wie Handys oder Sonnenbrillen zerkratzen. Auch der Schlüssel selbst wird vor Schmutz und Abnutzung geschützt, was besonders bei elektronischen Schlüsseln eine Rolle spielt.

Mit dieser einfachen Anleitung kannst du mit verschiedenen Designs und Farben ein Täschchen in deinem persönlichen Stil gestalten.

1. Schritt

Schneide das Schnittmuster für das Schlüsseltäschchen aus.

Du kannst bei dieser Größe nicht vermeiden, dass Falzlinien des Tetra Paks durch die Form verlaufen. Durch das spätere Bügeln werden sie kaum sichtbar sein. Sollte es dich doch stören, kannst du Bügelvlies als Zwischenlage verwenden.

Hinweis: Aus einem Milchkarton kannst du drei Schlüsseltäschchen ausschneiden

2. Schritt

Du brauchst im nächsten Schritt pro Täschchen ein rechteckiges Stoffteil mit 9 x 20 cm.

Bügle den Stoff auf die unbedruckte Seite deines Kartons und achte darauf, dass sich auch die Kanten gut miteinander verbinden. Schneide dann den Überstand bis zum Tetra Pak zurück.

Eine genauere Beschreibung zum Umgang mit Tetra Pak findest du im Kapitel »Spezielle Techniken« (Seite 119).

3. Schritt

Pro Schlüsseltäschchen benötigst du 2 Rechtecke mit den Maßen 9 x 11 cm.

Die beiden Stoffe sollen sich in der Mitte überlappen, dafür wird der oben liegende Stoff 1 cm nach innen gebügelt, um einen schönen Abschluss zu erzielen.

Den unteren Stoff musst du nicht einbügeln, weil er unten liegt, schiebe ihn aber weit genug über die Mitte, sodass sein Ende nicht sichtbar wird.

4. Schritt

Bevor du die Stoffe mit einem Geradstich knappkantig fixierst, falte das kurze Stück Schrägband und schiebe das offene Ende zwischen die beiden Stofflagen.

Auf das Schrägband wird später ein Schlüsselring geschoben.

Nach dem Nähen kannst du beide Hälften bügeln. Streiche dabei von der Mitte nach außen, damit keine Falten entstehen. Achte darauf, dass auch die Kanten gut festgebügelt sind.

Schneide dann den Überstand bis zum Rand zurück.

5. Schritt

Auf einer Seite wird nun noch ein kleines Einsteckfach genäht. Falte das Rechteck mit den Maßen 14 x 9 cm in der Mitte und lege es mit der offenen Kante nach außen auf eine der Klappen.

Fixiere das Fach mit ein paar Klammern, und nähe das Fach knappkantig entlang der Rundung an. Schneide den Stoff dann bis zur Kante zurück.

Tipp

Überprüfe, ob die Klappen deckungsgleich sind, indem du das Täschchen zusammenklappst. Du kannst die Ränder mit der Schere korrigieren.

6. Schritt

Versäubere alle Stofflagen des Täschchens mit Schrägband. Ich habe schmales Schrägband mit einer Breite von 1 cm verwendet, weil es beim Nähen und Umklappen leichter um die gebogenen Teile zu legen ist.

Klappe das Schrägband auf, lege die obere Kante rechts auf rechts an den äußeren Rand und stecke es rundherum mit Klammern fest.

Im Kapitel »Spezielle Techniken« (Seite 117) findest du weitere Informationen zum Thema Schrägband annähen.

7. Schritt

Befestige im letzten Schritt Druckknöpfe bzw. Kam Snaps.

Bestimme dafür die Mitte und setzte ca. 1 cm von der Kante entfernt mit der Ahle ein Loch.

Klappe das Täschchen zusammen und markiere durch das Loch mit Trickmarker die gegenüberliegende Position des Druckknopfs.

Bringe die Druckknöpfe nach Anleitung des Herstellers an.

Und fertig sind deine Schlüsseltäschchen!

Poop Bag
aus alten Jeans und Stoffresten

Material:

- Jeansstoff, 20 x 20 cm
- Baumwollstoff, 5 x 5 cm
- Bügelvlies, 20 x 20 cm
- Vliesofix, 5 x 5 cm
- 1 Öse, Φ 12 mm
- 1 Karabiner
- 1 Druckknopf oder Kam Snap
- 1 Rolle Gassi-Säckchen, 6 x 3 cm
- **Schnittmuster:** Poop Bag, Teil 1-2

Die Poop Bag ist eine praktische Gassi-Säckchen-Tasche, um Hundekotbeutel bequem und griffbereit zu transportieren. Das ideale Geschenk für Hundebesitzer! Mit dem Karabinerhaken kannst du die Poop Bag an der Hundeleine, dem Gürtel oder an deiner Tasche befestigen. Durch die Öffnung an der Vorderseite können die Beutel einzeln und mit einer Hand herausgezogen und abgerissen werden.

Die Tasche ist auf der Rückseite mit einem Druckknopf verschlossen.

1. Schritt

Drucke das Schnittmuster »Poop Bag« aus und schneide es aus.

Verstärke den Jeansstoff mit Bügelvlies. Dadurch franst er später kaum aus. Wenn du Kunstleder verwendest, kannst du diesen Schritt auslassen.

Die Vorderseite wird mit Klappe und Öffnung zugeschnitten. Für die Rückseite wird das Schnittmuster umgedreht und die Klappe nach innen gefaltet. Die Form sollte dann wie das Teil oben im Bild aussehen. Die Öffnung wird auf die Rückseite nicht übertragen.

2. Schritt

Schneide die Applikationsvorlage für die Pfote rechteckig aus. Lege ein passendes Stück Vliesofix mit dem Trägerpapier nach oben darauf und pause die Pfote ab.

Bügle das Vliesofix auf die linke Seite des Baumwollstoffs. Am besten eignet sich unifarbener oder klein gemusterter Stoff.

Schneide die gezeichnete Form aus, ziehe das Trägerpapier ab und bügele die einzelnen Teile der Pfote auf dein Vorderteil.

3. Schritt

Versäubere die Öffnung auf der Vorderseite mit einem sehr engen Zickzackstich.

Steppe die Pfoten-Applikation mit einem Geradstich knappkantig ab.

Nähe knappkantig an der Klappe entlang. Diese Naht hat nur eine optische Funktion.

Lege dann Vorder- und Rückseite links auf links aufeinander. Steppe die Teile mit einem Geradstich knappkantig zusammen.

Beginne rechts von der Klappe und nähe einmal rundum bis kurz vor der Klappe.

4. Schritt

Im nächsten Schritt wird der Druckknopf bzw. der Kam Snap nach Anleitung des Herstellers befestigt.

Bohre dafür mittig an der Klappe einen Zentimeter vom Rand entfernt mit einer Ahle ein Loch.

Schiebe die Gassi-Säckchen-Rolle in Position und schlage die Klappe nach hinten um. Markiere durch das gebohrte Loch die Stelle, an die der zweite Teil des Druckknopfs angebracht werden soll.

Entferne die Rolle wieder und befestige die beiden Seiten des Druckknopfs.

5. Schritt

Bringe eine Öse in der rechten oberen Ecke an und befestige durch die Öffnung einen Karabiner.

Roll das erste Gassi-Säckchen ab und zieh es durch die vordere Öffnung. Schiebe die Rolle nach und schließe den Druckknopf.

Deine Poop Bag ist nun bereit, verschenkt zu werden, oder du probierst sie gleich bei einem Spaziergang mit deinem Hund aus.

Stiftehalter aus Dosen-Upcycling und Stoffresten

Material:

- 1 leere Konservendose
- Stoffreste, insgesamt ca. 32 x 13,5 cm (abhängig von der Größe der Dose)
- Schrägband, ca. 60 cm (2x Umfang der Dose)
- Bommel und Borten als Verzierung

Hauche alten Konserven- oder Kaffeedosen neues Leben ein, indem du ihnen einen neuen Look verpasst und sie zu einem praktischen Stiftehalter umfunktionierst.

Als kleines Mitbringsel kannst du neue Buntstifte auf diese Weise originell verpacken.

1. Schritt

Beginne damit, deine Dose auszumessen. Meine hat einen Umfang von 30 Zentimetern.

Addiere 1,5 cm für die Nahtzugabe und nochmal 0,5 cm, um die Hülle, die du nähen wirst, problemlos über die Dose ziehen zu können.

In meinem Fall wären das 30 + 1,5 + 0,5 = 32cm.

Miss auch die Höhe aus und addiere 0,75 cm Nahtzugabe. Bei mir waren das 12,8 cm + 0,75 cm.

Ich habe also rund 13,5 cm zugeschnitten.

2. Schritt

Ich habe bunte Stoffreste mit unterschiedlicher Breite verwendet und sie rechts auf rechts zusammengenäht, bis ich eine Länge von 32 cm erreicht habe.

Anschließend habe ich den Stoff gebügelt und jedes Teil knappkantig mit einem Geradstich abgesteppt.

Lege nun dein Stoffstück um die Dose, du solltest den Stoff mit den Fingern zusammenhalten können. In der Höhe sollte der Stoff die Dose um ca. 0,75 cm überragen.

3. Schritt

Schneide ein Rechteck in gleicher Größe für den Innenstoff zurecht und nähe eine Längsseite rechts auf rechts zusammen. Steppe die Naht auf der rechten Seite mit einem Geradstich knappkantig ab.

4. Schritt

Überlege dir, welche Höhe deine Außentasche haben soll, und schneide **die Länge (Umfang der Dose + 0,75 cm) x deine Wunschhöhe** aus Außen- und Innenstoff zurecht. Ich habe eine Höhe von 8 cm verwendet, das sind etwas weniger als 2/3 der Gesamthöhe.

Nähe die Außen- und Innenstoff rechts auf rechts an einer Längsseite zusammen und wende sie dann auf rechts, sodass die schönen Seiten nach außen zeigen.

Fasse die offenen Längsseiten von Außen- und Innenstoff mit Schrägband ein und verbinde sie dadurch. Eine detaillierte Anleitung findest du im Kapitel »Spezielle Techniken« (Seite 117).

5. Schritt

Innen- und Außenstoff der Außentasche sind jetzt an der Oberkante durch Schrägband, an der Unterkante durch das Rechts-auf-rechts-Nähen verbunden. Jetzt muss die Außentasche an der Unterkante noch mit dem Außenstoff des Hauptteils verbunden werden.

Auf dem Titelbild siehst du zwei Varianten:

Einmal habe ich die Außentasche und den Hauptstoff darunter mit Schrägband zusammengefasst.

Bei der zweiten Variante, auch hier links im Bild, habe ich den Hauptstoff an der Unterkante 0,5 cm nach innen gebügelt und die beiden Lagen mit einem einfachen Geradstich verbunden.

6. Schritt

Jetzt ist der ideale Zeitpunkt, am Hauptstoff Verzierungen und ein Label anzubringen.

Schließe dann dein Werkstück zu einem Kreis, indem du Außen- und Innenstoff auseinanderklappst, die beiden kurzen Seiten rechts auf rechts legst und mit einer Nahtzugabe von 0,75 cm zusammennähst.

Achte dabei darauf, dass der Übergang zwischen Außenstoff und Innenstoff genau aufeinander trifft. Wenn du eine Borte angenäht hast, siehst du diesen Übergang besonders deutlich.

7. Schritt

Wende den Schlauch auf rechts und stülpe ihn über die Dose. Der Innenstoff wird dann auf die Innenseite geklappt.

Deine Stiftehalter sind jetzt bereit, verwendet oder verschenkt zu werden.

Viel Spaß damit!

Fliegenpilze aus Stoffresten

Material:

- Bunte Stoffreste:
  Stoff 1: ca. 12,5 x 12,5 cm (Oberseite der Kappe)
  Stoff 2: ca. 34 x 14 cm (Unterseite der Kappe und Stiel)
- Füllwatte
- Dekosand oder Reis
- **Schnittmuster:** Fliegenpilz, Teil 1-4

Bunte Dekopilze sind schnell genäht und in einem kleinen Blumentopf mit ein paar Blätterranken oder ein paar Blümchen arrangiert eine hübsche Geschenkidee.

Tipp

Du kannst den Stiel am oberen Ende unterschiedlich lang abschneiden, damit deine Pilze verschieden hoch werden und ein abwechslungsreicheres Bild abgeben. Mit verschiedenen Mustern und Stoffkombinationen kannst du deiner Fantasie freien Lauf lassen.

1. Schritt

Schneide zuerst die Schnittteile **ohne** Nahtzugabe aus dem Schnittmusterbogen aus.

2. Schritt

Beginne mit der Pilzkappe. Sie besteht aus zwei Teilen.

Lege die Seiten des keilförmigen Ausschnitts rechts auf rechts aneinander und steppe sie mit einem Geradstich knappkantig ab, sodass ein dreidimensionaler Pilzhut entsteht.

Sichere Nahtbeginn und -ende mit Rückstichen.

3. Schritt

Falte die Unterseite der Kappe zuerst zur Hälfte, dann noch einmal zur Hälfte.

Schneide die Spitze des zusammengelegten Viertels in einer gebogenen Linie ab, so erhältst du ein Loch in der Mitte.

Die beiden Kreise sollten jetzt genau aufeinander passen. Lege sie rechts auf rechts und nähe einmal rundum. Ich habe eine Nahtzugabe von 0,5 cm verwendet.

4. Schritt

Wende die Kappe durch das Loch in der Mitte.

Forme die Rundungen mit einem Kantenformer oder der Rückseite eines Stifts und stopfe die Pilzkappe fest mit Füllwatte aus.

Tipp

Wenn deine Fliegenpilzkappe stärker gewölbt sein soll, musst du den Keil in der Oberseite der Pilzkappe breiter ausschneiden. Die Kappen-Unterseite wird dadurch kleiner.

5. Schritt

Lege die Pilzkappe zur Seite.

Für den nächsten Schritt benötigst du die beiden Schnittteile für den Stiel. Schneide sie ohne Nahtzugabe aus und nähe die langen Seiten rechts auf rechts zusammen.

6. Schritt

Nähe den kleinen Kreis für den Boden rechts auf rechts mit einer Nahtzugabe von 0,5 cm am unteren Ende des Stiels ein.

Wende den Stiel durch die obere Öffnung und stülpe das offene Ende nach innen.

Tipp

Stecke den Boden mit Klammern oder Stecknadeln fest, damit sich die Lagen nicht verschieben. Entferne beim Nähen eine Klammer nach der anderen.

7. Schritt

Um einen besseren Stand zu erzielen, fülle ca. 4 cm Dekosand oder Reis in den Stiel. Der Rest wird mit Füllwatte fest ausgestopft. Schließe den nach innen geklappten Rand mit einer Naht.

8. Schritt

Schiebe den Stiel in die Öffnung auf der Pilzunterseite. Fixiere den Stiel, indem du entweder Heißkleber benutzt oder Stiel und Hut mit einem Matratzenstich verbindest.

Viel Spaß mit deinen Dekopilzen!

Katzenkissen aus Jeans und Stoffresten

Material:

- **Jeans:** 120 x 30 cm
- **Stoff 1:** 42 x 30 cm (Schnauze, 1x Körperteil, 1x Bein)
- **Stoff 2:** 30 x 30 cm (1x Nase, 1x Ohr, 1x Körperteil, 1 x Bein)
- **Stoff 3:** 30 x 30 cm (1x Schwanz, 1x Ohr, 1x Körperteil, 1x Bein)
- **Stoff 4:** 22 x 30 cm (1x Körperteil, 1 x Bein)
- 2 Kam Snaps oder Druckknöpfe
- Filzreste, Füllmaterial
- **Schnittmuster:** Katzenkissen, Teil 1-7

Ob als Kissen oder Kuscheltier, dieses Katzenkissen ist schnell genäht und bringt Farbe und Abwechslung in dein Zuhause. Es eignet sich auch hervorragend als kreatives persönliches Geschenk für Katzenliebhaber.

Tipp

Wenn du möchtest, kannst du den Kopf mit Klettband befestigen, sodass du ihn vor dem Waschen abnehmen kannst.

Meine Katzen lieben dieses Kissen.

1. Schritt

Übertrage die Schnittteile auf deinen Stoff und schneide ihn zu. Die Nahtzugabe ist bereits enthalten. Ich habe Baumwoll-Webware und Teile alter Jeans benutzt.

Im ersten Schritt benötigst du die Schnittteile für Ohren und Nase. Lege sie rechts auf rechts und nähe sie mit einem festen Stich, zum Beispiel dem doppelten Geradstich, knappkantig zusammen. Die Basis der Ohren bleibt offen, die Nase wird rundum genäht.

2. Schritt

Die Nase wird auf einer Seite kreuzförmig eingeschnitten und durch diese Öffnung gewendet.

Wende auch die Ohren und forme die Ecken mit einem Kantenformer gut aus.

Fülle die drei Teile mit Füllmaterial. Dafür eignet sich Polyesterfüllung oder recycelte Materialien wie alte Kissenfüllungen.

Drücke das Material fest in die Ecken und Rundungen.

Bereite dann für den nächsten Schritt das Schnittmuster Teil 4, den unteren Teil des Gesichts, vor.

2a

2b

2c

3. Schritt

Lege die beiden Teile rechts auf rechts und nähe sie an der gekennzeichneten Seite mit einem Geradstich und einer Nahtzugabe von 0,5 cm zusammen.

Überprüfe noch einmal, ob du die richtige Seite, nämlich die weniger gerundete, zusammengenäht hast, und wende auf rechts.

Die offene Kante sollte jetzt exakt auf die untere Rundung des Kopfes (Teil 1) passen.

Fixiere beide Teile mit Klammern und nähe die obere Rundung knappkantig fest. Beachte dabei auch die Markierungen am Papierschnittmuster.

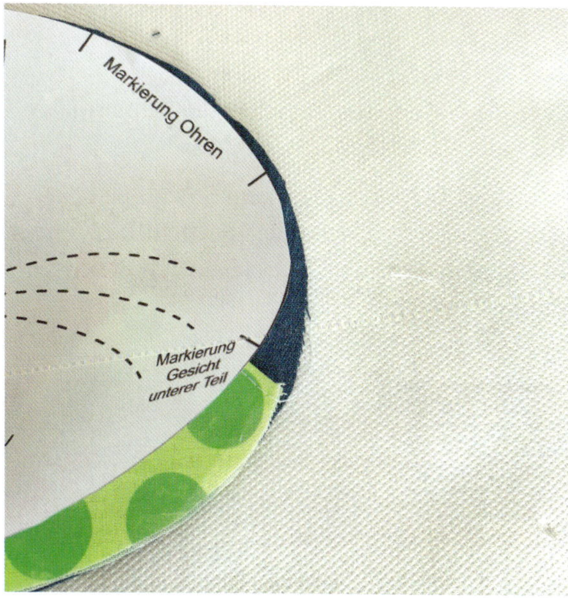

4. Schritt

Lege das Papierschnittmuster (Teil 1) auf das Kopfteil und übertrage die Schnurrhaare mit einem Trickmarker oder Bleistift durch das Papier auf den Stoff.

Durchbohre dazu das Papier an mehreren Punkten entlang der Schnurrhaare.

Nähe die Haare dann mit der Nähmaschine im doppelten Geradstich mit farblich passendem Nähgarn.

5. Schritt

Lege die Nase mittig zwischen die Schnurrhaare und nähe sie rundum fest.

Schneide die Augen aus einem Stück Filz oder anderem nicht ausfransenden Stoff zu. Nähe sie knappkantig fest. Für die Iris habe ich Druckknöpfe angebracht.

Tipp

Alternativ kannst du für die Augen auch Knöpfe verwenden oder sie mit der Hand sticken

6. Schritt

Fixiere die vorbereiteten Ohren innerhalb der Markierungen mit Nadeln oder Klammern.

Die Seite, die du am Ende von vorne sehen möchtest, liegt unten. Fixiere jedes Ohr mit ein paar Stichen innerhalb der Nahtzugabe.

Jetzt musst du entscheiden, ob du den Kopf später mit Klettband befestigen möchtest. Wenn ja, nähe ein 5 cm langes Stück Klettband vertikal mittig an die rechte Seite des zweiten Teil 1, das im nächsten Schritt zum Hinterkopf vernäht wird.

Im Bild links ist die Stelle schematisch dargestellt.

7. Schritt

Lege das zweite Teil 1 mit der rechten Seite nach unten auf das Gesicht und fixiere es mit Klammern. Nähe mit einem doppelten Geradstich mit einer Nahtzugabe von 0,5 cm rundum. Verriegle die Naht vor und nach der Wendeöffnung.

Wende den Kopf auf rechts und forme ihn mit einem Kantenformer gut aus.

8. Schritt

Bevor du den Kopf füllst, kontrolliere Nähte und Rundungen, ob sie fest und sicher sind.

Fülle zuerst die äußeren Bereiche und achte darauf, dass der Kopf seine Form behält.

Schließe dann die Wendeöffnung mit einem unsichtbaren Matratzenstich mit der Hand. Drücke den Kopf in Form.

9. Schritt

Schneide 8x Teil 5 für die Pfoten zu, lege sie rechts auf rechts und nähe sie mit einer Nahtzugabe von 0,5 cm zusammen und wende auf rechts.

Wiederhole diese Schritte mit Teil 7, dem Schwanz.

Stopfe alle Teile mit Füllmaterial aus. Ich habe einen dicken Filzstift benutzt, um die Füllung ganz nach vorne zu schieben.

Lege dann die 5 Teile für den Körper zurecht.

10. Schritt

Nähe den Körper Stück für Stück zusammen. Lege dafür jeweils zwei Teile rechts auf rechts und nähe sie mit einer Nahtzugabe von 0,5 cm zusammen. Steppe dann von rechts knappkantig ab.

Positioniere die Beine und den Schwanz und fixiere alles mit Klammern. Die Seite, die später sichtbar sein wird, zeigt nach unten. Fixiere die Teile zusätzlich mit ein paar Stichen mit der Nähmaschine innerhalb der Nahtzugabe.

Wenn Du dich für Klettverschluss entschieden hast, nähe das 5 cm lange Gegenstück 2 cm von der Kante entfernt zwischen den Vorderbeinen an.

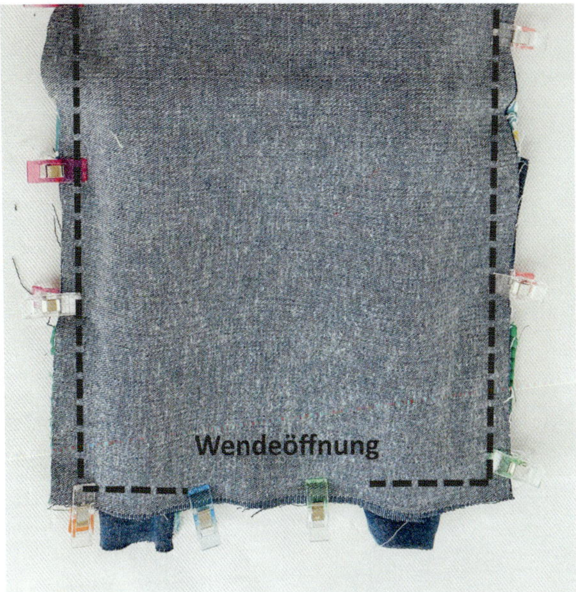

11. Schritt

Schneide ein zweites Körperteil zurecht und benutze dafür das gerade genähte Teil als Schablone.

Lege die Bauchunterseite mit der rechten Seite nach unten auf die Bauchoberseite und fixiere rundum mit Klammern. Nähe die Körperteile mit einer Nahtzugabe von 0,5 cm zusammen. Die Wendeöffnung zwischen den Vorderbeinen bleibt offen.

Verriegle die Naht sorgfältig vor und nach der Wendeöffnung.

12. Schritt

Wende den Körper und stopfe ihn mit Füllmaterial aus. Achte darauf, dass alle Ecken gut ausgeformt sind. Schließe die Wendeöffnung mit einem Matratzenstich.

Befestige den Kopf mit Klettband oder nähe ihn mit ein paar Stichen an den Körper.

Dein Katzenkissen ist jetzt bereit zum Kuscheln!

Tic-Tac-Toe aus Jeans und Stoffresten

Material:

- Jeansstoff in zwei Farben:
  Farbe 1: 5x: 6 x 6 cm
  Farbe 2: 4x: 6 x 6 cm
- Baumwollstoff, Canvas, Jeans oder Kunstleder, ca. 30 x 30 cm (für die Umrandung)
- 2 Kam Snaps oder andere Druckknöpfe
- 10 Knöpfe (z.B. zum selbst Beziehen)
  Alternativ: Steine, die bemalt werden können

Tic-Tac-Toe ist ein einfaches, schnelles, aber sehr unterhaltsames Spiel, das wohl jeder als Kind schon mal gespielt hat: Wer auf dem 3x3-Raster des Spielfelds als erster drei seiner Spielsteine in eine horizontale, vertikale oder diagonale Reihe bringt, hat gewonnen.

Dieses Tic-Tac-Toe aus upgecycelten Jeans und Stoffresten ist ein einfaches Nähprojekt, das auch Kinder mit etwas Hilfe umsetzen können. Die Spielfläche kann zu einer praktischen Tasche zusammengefaltet werden.

1. Schritt

Schneide 9 Quadrate mit den Maßen 6 x 6 cm aus zwei verschiedenfarbigen Jeansstoffen und ordne die Farben immer abwechselnd in einem 3x3-Raster an.

Nähe zuerst jede Reihe einzeln zusammen, indem du die Quadrate rechts auf rechts legst und mit einer Nahtzugabe von 0,5 cm absteppst.

Im nächsten Schritt nähst du die 3 Reihen auf die gleiche Weise zusammen.

Bügle die Nahtzugaben flach auseinander.

2. Schritt

Schneide zwei Rechtecke mit den Maßen 16 x 6 cm zurecht und nähe sie rechts auf rechts an gegenüberliegende Seiten des Spielfelds.

Steppe von rechts knappkantig mit einem Geradstich ab und bügle die Nahtzugabe auseinander

Schneide zwei Rechtecke mit den Maßen 26 x 6 cm zu und nähe sie rechts auf rechts an die beiden freien Seiten. Steppe dann knappkantig ab.

Falte das Spielfeld zweimal zur Hälfte und fixiere es mit Klammern.

3. Schritt

Du brauchst jetzt eine Schüssel oder einen Teller, um die Rundung einzuzeichnen.

Dabei ist wichtig, dass der Teller mit der Ecke ein Dreieck bildet und an den Seiten genau abschließt.

Markiere die Rundung und schneide sie mit der Schere aus. Halte dabei alle Schichten gut fest, sodass der Kreis regelmäßig wird.

4. Schritt

Benutze den Kreis mit dem Spielfeld als Schablone und schneide einen zweiten Kreis aus.

Dieser Stoff wird später als Außenseite des Täschchens zu sehen sein.

5. Schritt

Im nächsten Schritt werden die Druckknöpfe angebracht, die später das Täschchen verschließen.

Bringe die eine Seite des Druckknopfs 5,5 cm vom Rand entfernt an. Verstärke den Stoff auf der Rückseite mit Vlies oder einem Stück Baumwollstoff, damit der Druckknopf besser hält. Die Kappe des Druckknopfs ist auf der linken Seite zu sehen.

Nähe die beiden Kreise rechts auf rechts zusammen und lasse eine Wendeöffnung von ein paar Zentimetern offen. Wende auf rechts und steppe rundum mit einem Geradstich ab. Die Wendeöffnung wird dabei verschlossen.

6. Schritt

Bring den Gegenpart des Druckknopfs genau gegenüber 1 cm vom Rand entfernt an. Achte dabei darauf, dass die Kappe auf der Außenseite zu sehen ist.

Das zweite Paar Druckknöpfe wird mittig und auf beiden Seiten 1 cm vom Rand entfernt angebracht. Auf dem Bild rechts siehst du die Position des Druckknopfs mit einem schwarzen X gekennzeichnet. Die Position des dazugehörigen Druckknopfs befindet sich an der gegenüberliegenden Seite an der gleichen Stelle.

Dein faltbares Tic-Tac-Toe ist jetzt fertig. Du benötigst nur noch die Spielsteine.

Bemale dafür Steine mit zwei unterschiedlichen Farben oder kennzeichne kleine Filzkreise mit X und O.

Ich habe Überziehknöpfe verwendet und sie mit zwei unterschiedlichen Stoffen bezogen. Eine kurze Anleitung findest du auf der nächsten Seite.

7. Schritt

Überziehknöpfe werden mit Werkzeug geliefert, das es ermöglicht, Stoff über den Knopf zu spannen und ihn zu fixieren.

Durch die durchsichtige Silikonform kannst du sehen, ob du den Stoff richtig positioniert hast.

Fertige von jeder Farbe 5 Knöpfe. Du kannst sie in deinem Spielplan-Täschchen praktisch aufbewahren und transportieren.

Viel Spaß!

Ohrringe aus Stoffresten

Material:

- Baumwollstoff, 3 x 6 cm für jeden Ohrring oder Kreise à ca. 3 cm
- Klebstofflack (z.B. Décopatch Paperpatch)
- Ohrring-Rohlinge
- **Optional:** kleine Perlen
- Zange, Backpapier, Textilkleber oder Superkleber

Seit meine Tochter gestochene Ohrlöcher hat, sind wir im Ohrring-Fieber. Und weil es gar nicht so einfach ist, Ohrringe zu finden, die in Form, Farbe und Material genau den Vorstellungen entsprechen, haben wir uns selbst daran gemacht, mit verschiedenen Looks zu experimentieren.

Die Ohrringe aus Stoff mag ich ganz besonders, denn die Möglichkeiten unterschiedliche Farben und Muster zu kombinieren, sind wirklich unendlich. Die tollste Entdeckung war dabei der Klebstofflack, der dem Stoff nicht nur Stabilität, sondern auch einen leichten Glanz verleiht.

1. Schritt

Breite deine Stoffreste auf einem Stück Backpapier aus. Fülle etwas Klebstofflack in einen ausgewaschenen Joghurtbecher, damit der Rest nicht austrocknet. Streiche dann die Stoffreste großzügig von beiden Seiten ein, bis der Stoff komplett durchtränkt ist. Die weiße Färbung wird nachher komplett durchsichtig.

Ich habe die Stoffstücke mit Wäscheklammern an einer Wäscheleine aufgehängt. So trocknen sie gleichmäßiger als im Liegen.

2. Schritt

Die getrockneten Stoffteile sollten jetzt nicht mehr klebrig sein. Bügle sie durch ein Blatt Backpapier. Überschüssiger Kleber wird dadurch verteilt und der Stoff schön glatt.

Schneide Rechtecke mit den Seitenlängen 3 x 6 cm.

Tipp

Kleinere Stoffmuster kommen besser zur Geltung als große.

3. Schritt

Falte die äußeren Ecken zur Mitte, sodass ein Dreieck entsteht, und drücke die Kanten mit dem Fingernagel oder einem Lineal gut fest.

4. Schritt

Falte die Spitze des Dreiecks zur unteren Kante und glätte die Kante.

Öffne das Dreieck wieder und falte die Spitze zur neu entstandenen Mittellinie. Falte jetzt die Basis des Dreiecks zu dieser Mittellinie und falte sie wieder auf. Das Dreieck ist jetzt durch 3 Linien in 4 gleich große Abschnitte geteilt.

Falte die Spitze des Dreiecks zur ersten Linie, drehe das Dreieck um und falte ziehharmonikaartig weiter.

Drücke alle Kanten gut fest.

5. Schritt

Falte die Ziehharmonika in der Mitte, sodass die beiden Ecken der Dreiecksbasis zusammengeführt werden. Bestreiche die innen liegende Fläche auf beiden Seiten mit Textil- oder Superkleber und drücke sie fest zusammen. Du kannst auch eine Stoffklammer verwenden, um die Klebestelle ausreichend trocknen zu lassen.

Richte dann das obere kleine Dreieck auf und bohre von hinten mit einer spitzen Nadel, zum Beispiel einer Ledernadel, ein Loch.

Biege die untere Öse des Ohrringrohlings mit der Zange auf, schiebe den Stoff durch das Loch und drücke die Öse wieder zusammen.

5a

5b

5c

Runde Ohrringe

1. Schritt

Die runden Ohrhänger sind schnell gemacht. Streiche zuerst den Stoff ein und lass ihn gut trocknen, bevor du Kreise oder andere Formen ausschneidest.

Bedenke, dass die ungefalteten Ohrringe auch eine Rückseite benötigen, um schön auszusehen. Bei den Blumen rechts im Bild habe ich immer zwei gleiche Motive aus dem Stoff ausgeschnitten und mit der linken Seite nach innen zusammengeklebt. Als Kleber habe ich den Klebstofflack verwendet, das funktioniert sehr gut. Wenn der Lack getrocknet ist, sind die beiden Schichten untrennbar miteinander verbunden.

2. Schritt

Wenn du, wie im Beispiel, zusätzlich eine Perle oder eine Perlmuttscheibe anbringen möchtest, benötigst du als Verbindungsglied zwischen Ohrhaken und Stoff einen Kettelstift, der an beiden Enden mit der Zange gebogen wird.

Deine ganz individuellen Ohrringe sind jetzt bereit, getragen oder verschenkt zu werden.

HAPPY BIRTHDAY
Happy
BIRTH
DAY
HAPPY BIRTHDAY
HAPPY BIRTHDAY
HAPPY BIRTHDAY!
HAPPY

Glückwunschkarten aus Stoffresten

Material:

- Zeichenpapier, 160-200g/m²
  Ich nehme am liebsten Aquarellpapier, du kannst aber jedes schwerere Papier verwenden.
- Kleine und kleinste Stoffreste
- Vliesofix
- Acryl- oder Filzstifte
- **Optional:** Plotter oder Stempel

Suchst du auch oft in letzter Sekunde vor der Geburtstagsfeier nach einer passenden Glückwunschkarte? Deshalb habe ich mir angewöhnt, immer einen kleinen Vorrat an Karten parat zu haben.

Nebenbei ist es auch eine nette Beschäftigung, gemeinsam mit Kindern diese Karten zu basteln. Natürlich brauchen sie Hilfe beim Umgang mit dem Bügeleisen, aber alle anderen Schritte sind absolut für Kinder geeignet.

1. Schritt

Sammle kleine Stoffreste. Sie müssen nicht größer als ein paar Quadratzentimeter sein.

Tipp

Sortiere die Stoffreste so, dass sie später farblich gut kombinierbar sind.

2. Schritt

Lege alle Stoffreste auf die raue Seite deines Vliesofix. Die Teile sollten eng aneinander liegen oder sogar ein wenig überlappen, damit später nicht das Bügeleisen festklebt.

Im Kapitel »Spezielle Techniken« (Seite 116) wird genauer beschrieben, wie du dieses Vlies verwenden kannst.

Als Nächstes wird gebügelt. Schneide dann jede Farbe einzeln aus.

3. Schritt

Es gibt unzählige Möglichkeiten, wie du deine Stoffreste ausschneiden und verwenden kannst.

In diesem Beispiel habe ich ca. 7 cm lange und 1 cm breite Streifen als Geburtstagskerzen ausgeschnitten. Es sieht auch gut aus, wenn nicht alle »Kerzen« gleich lang sind.

4. Schritt

Entferne das Trägerpapier von der Rückseite und positioniere die Kerzen auf deiner Karte. Ich schneide das Zeichenpapier immer im Format einer gekauften Glückwunschkarte aus, damit die Karten nachher in ein Kuvert passen.

5. Schritt

Bügle die Kerzen mit mittlerer Hitze auf das Papier. Jetzt kannst du noch gezeichnete oder geplottete Details hinzufügen.

Es gibt unzählige Möglichkeiten, wie du aus deinen Stoffresten originelle bunte Glückwunschkarten gestalten kannst.

Schneide zum Beispiel kleine Quadrate und beplotte sie mit Buchstaben oder verwende Figuren oder Blumen, die du aus dem Stoff ausschneidest. Male oder plotte eine Sprechblase mit deinem individuellen Text.

Damit kannst du deine Karten für jeden Anlass passend gestalten!

Bowls aus Stoffresten

Material:

- Baumwollstoff, jeweils pro Schicht (mindestens 2 Schichten innen/außen):
  50 x 25 cm für eine Schüssel, Φ 25 cm
  25 x 14 cm für eine Schüssel, Φ 14 cm
- Schrägband, 76 cm und 46 cm
- Klebstofflack (z.B. Décopatch Paperpatch)
- Als Form: Schüssel, Teller oder Luftballon
- Backpapier, Frischhaltefolie, Pinsel
- **Optional:** Klarlack

Einen Deko-Teller selbst zu gestalten, ist eine nette Idee, um Süßigkeiten oder andere Kleinigkeiten hübsch verpackt zu verschenken. Mit Stoffresten und Klebstofflack kannst du einen Abdruck einer von dir gewählten Form herstellen. Je mehr Stoffschichten, umso stabiler wird deine Schüssel oder dein Teller.

Wenn du einen Ballon als Form benutzt, wird die Innenseite glatter als mit Frischhaltefolie, dein Gefäß hat dann aber keine Standfläche.

1. Schritt

Umwickle deine gewünschte Form mit mindestens zwei Schichten Frischhaltefolie und lege sie mit der offenen Seite nach unten auf ein Blatt Backpapier. Einen Luftballon legst du am besten auf eine Schüssel. Bestreiche die gesamte Form großzügig mit Klebstofflack. Schneide den Innenstoff in ca. 3 cm breite Streifen.

Zuerst werden die Stoffreste aufgebracht, die du nachher auf der Innenseite sehen kannst. Lege den Stoff deshalb mit der rechten Seite nach unten auf die Form. Achte darauf, dass sich die Ränder überlappen. Bestreiche jede Schicht großzügig mit Kleber.

2. Schritt

Im nächsten Schritt wird die spätere Außenseite geklebt. Die linken Stoffseiten treffen dabei aufeinander. Die Stoffe sollten genauso wie auf der Innenseite überlappen.

Je mehr Schichten verklebt werden, umso stabiler wird dein Gefäß.

Lass alles am besten über Nacht trocknen, bevor du die Frischhaltefolie entfernst.

Wenn du einen Luftballon verwendest, schneide ihn auf und entferne ihn von der Innenseite.

Begradige die oberen Ränder mit der Schere.

2a

2b

2c

3. Schritt

Versäubere den oberen Rand mit Schrägband.

Mit einer Kontrastfarbe setzt du farbliche Akzente.

Tipp

Im Kapitel »Spezielle Techniken« (Seite 117) kannst du nachlesen, wie du das Schrägband sauber zu einem Kreis schließen kannst.

4. Schritt

Falls dir das Ergebnis nicht gefällt, kannst Du auch noch im Nachhinein auf die getrocknete Form einen anderen Stoff aufpinseln.

Tipp

Wenn deine Bowl mit Lebensmitteln in Kontakt kommt, versiegle die Oberfläche mit lebensmittelechtem Klarlack. Damit die Oberfläche gut versiegelt wird, kannst du mehrere Schichten auftragen. Achte darauf, dass deine Form nach jeder Schicht ausreichend trocknet.

Ich wünsche dir viel Spaß beim Verschenken!

BUNTIFUL
Der Alchimist

Geschenktüten aus Jeans und Stoffresten

Material:

- **Stoff 1:** 24 x 21 cm (Henkel)
- **Stoff 2:** ca. 34 x 24 cm (unterer Teil der Tüte)
- **Stoff 3 (Innenfutter):** ca. 60 x 24 cm
- Stoffe für Applikationen
- Vliesofix für Applikationen
- Stickgarn
- **Schnittmuster:** Geschenktüte, Teil 1-2

Geschenktüten aus Stoff sind eine nachhaltige Alternative zu herkömmlichen Geschenkverpackungen. Robuste Stoffe wie Jeansstoff, Leinen, Canvas oder feste Baumwoll-Webware sind ideal. Dünnere Stoffe kannst du mit Vlies verstärken.

Wähle Stoffe, die zu speziellen Anlässen wie Weihnachten oder Geburtstagen passen. Verziere die Tüten mit Textilfarben, Applikationen oder Stickereien oder personalisiere sie mit den Initialen oder dem Namen des Beschenkten.

1. Schritt

Schneide das Schnittmuster aus dem Schnittmusterbogen aus.

Zuerst brauchst du zwei Mal das obere Teil aus Außen- und zwei Mal aus Innenstoff. Lege Außen- und Innenstoff rechts auf rechts.

Schneide aus dem Papierschnittmuster »oberes Teil« die Grifföffnung aus und lege es auf den Stoff.

Zeichne den Umriss mit Trickmarker auf eine der linken Stoffseiten und nähe an dieser Linie mit Geradstich entlang. Die beiden Stoffe werden dadurch miteinander verbunden.

2. Schritt

Schneide den Stoff innerhalb der Naht vorsichtig aus, ca. 0,5 cm bleiben stehen.

Ziehe den Außenstoff durch die Grifföffnung, sodass Außen- und Innenstoff links auf links liegen. Bügle von beiden Seiten und steppe die Öffnung knappkantig mit einem Geradstich ab.

Tipp

Damit sich der Stoff beim Wenden nicht verzieht, kannst du den überstehenden Stoff an den Rundungen vorsichtig etwas einschneiden.

Wiederhole den Schritt für das zweite obere Teil.

3. Schritt

Im nächsten Schritt wird der Innenstoff der beiden oberen Teile rechts auf rechts zusammengenäht.

Klappe dafür den Außenstoff zurück und fixiere ihn mit Klammern.

Nähe dann mit einer Nahtzugabe von 0,75 cm auf beiden Seiten die Innenstoffe zusammen

4. Schritt

Der nächste Schritt ist etwas knifflig, es werden nämlich die beiden Außenstoffe auf beiden Seiten miteinander verbunden. Sie müssen ebenfalls rechts auf rechts vernäht werden.

Ziehe sie so weit wie möglich nach außen und fixiere sie mit Klammern. Um zu sehen, ob du richtig geklammert hast und nichts verdreht ist, kannst du den Stoff mit den Klammern in die richtige Position zurückschieben.

Wiederhole diesen Schritt auf der zweiten Seite.

Bügle dann die Oberkante rundum nach innen und steppe sie mit einem Geradstich fest.

4a

4b

4c

5. Schritt

Du benötigst für diesen Schritt das untere Teil. Du kannst jetzt den Außenstoff ganz nach deinem Geschmack verzieren.

Ich habe für die Geschenke Vliesofix auf die Rückseite von Stoffresten gebügelt, 3 Rechtecke unterschiedlicher Größe ausgeschnitten, die Trägerfolie abgezogen und die Rechtecke in die gewünschte Position gebügelt.

Für die Schleife habe ich Stickgarn im Abstand von 2-3 Millimetern durch den Stoff gezogen und eine Schleife gebunden. Diese habe ich dann mit Zickzackstich an mehreren Stellen fixiert.

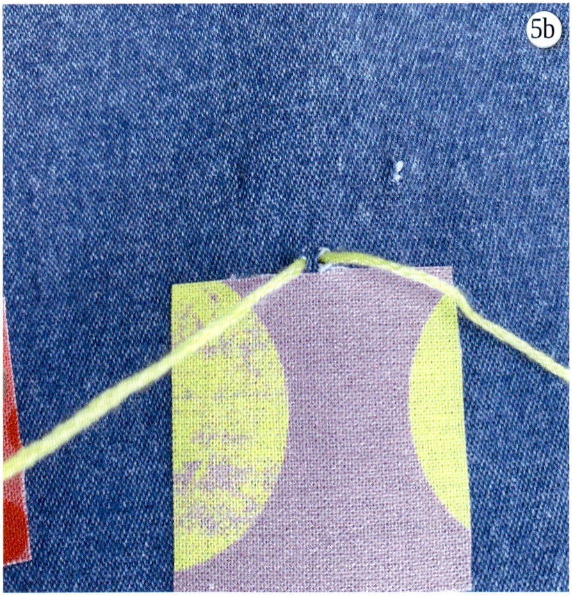

6. Schritt

Lege Außen- und Innenstoff des unteren Teils jeweils rechts auf rechts.

Nähe die auf der Abbildung markierten Linien mit Geradstich und einer Nahtzugabe von 0,75 cm.

Vergiss nicht, am Boden des Futterteils eine Wendeöffnung offen zu lassen.

Verriegle die Naht am Beginn und am Ende mit einem Rückstich.

7. Schritt

In diesem Schritt werden die Ecken geschlossen.

Lege die Nähte mittig aufeinander.

Klappe die Nahtzugabe auseinander und bügle sie gegebenenfalls zur Seite.

Schließe alle vier Ecken mit einem Geradstich und einer Nahtzugabe von 0,5 cm.

Wende das Außenteil auf die rechte Seite. Das Innenteil bleibt auf links gedreht.

8. Schritt

In diesem Schritt werden alle Teile zusammengesetzt.

Fixiere das obere Teil mit Klammern rechts auf rechts am unteren Außenteil. Achte darauf, dass die Seitennähte genau aufeinandertreffen.

Ziehe das Innenteil mit der rechten Seite nach innen über die beiden anderen Elemente, fixiere es mit Klammern und nähe es mit einem Geradstich rundum fest. Drehe die Geschenktüte auf rechts und steppe die Naht knappkantig ab.

Deine Geschenktüten sind jetzt einsatzbereit!

BUNTIFUL

Superschnelle Utensilos aus Stoffresten

Material:

- **Stoff 1:** ca. 30 x 30 cm
- **Stoff 2 (Innenstoff):** ca. 30 x 30 cm
- Bügelvlies, ca. 30 x 30 cm
- **Optional:** Bänder und Borten

Für Außen- und Innenstoff solltest du nicht dehnbare Stoffe verwenden.

Utensilos sind praktische kleine Körbe zur Aufbewahrung von verschiedenen Kleinigkeiten.

Als Geschenkverpackung finde ich sie ganz besonders hübsch und natürlich auch nachhaltiger als Papier. Im Internet findet man unzählige Anleitungen, für mich sind die meisten zu aufwändig, wenn ich schnell eine Verpackung in der richtigen Größe brauche.

Für diese superschnellen Utensilos brauchst du kein Schnittmuster und hast in kurzer Zeit eine hübsche Verpackung mit den richtigen Maßen in Händen.

1. Schritt

Je nach Größe deines Geschenks entscheidest du, welche Maße die Grundfläche deines Utensilos haben soll. In meinem Fall waren das 10 x 10 cm.

Dann entscheidest du über die Höhe der Seitenwände und zeichnest sie wie in der Abbildung gezeigt ein.

Benutze dieses Teil als Schablone für das Innenfutter. Damit man den Innenstoff als dekorativen Rand an der Oberkante sehen kann, wird der Innenstoff an den Seitenwänden etwas länger zugeschnitten. In meinem Fall war das 1 cm.

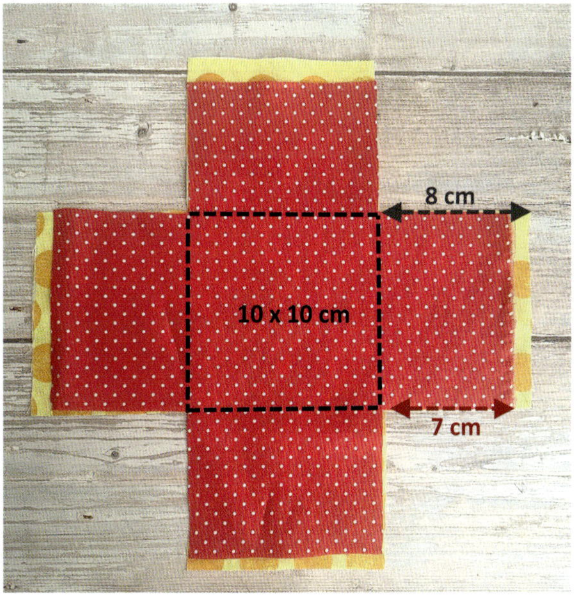

2. Schritt

Falte den Außenstoff diagonal rechts auf rechts und fixiere ihn mit Klammern.

Nähe jetzt die beiden äußeren Kanten wie in der Abbildung eingezeichnet mit einem Geradstich mit einer Nahtzugabe von 0,5 cm zusammen.

Wiederhole diesen Schritt auch beim Innenstoff.

3. Schritt

Falte im nächsten Schritt die zweite Diagonale und nähe die beiden übrigen Kanten zusammen.

Wiederhole diesen Schritt mit dem Innenfutter.

4. Schritt

Schiebe Außen- und Innenstoff ineinander. Die rechten Seiten zeigen zueinander.

Stecke den oberen Rand mit Klammern fest und nähe die beiden Lagen unter Aussparung einer Wendeöffnung mit einem Geradstich zusammen.

Achte darauf, dass die Nähte exakt aufeinander zu liegen kommen.

Wende das Utensilo auf rechts und fixiere den oberen Rand mit Klammern. Nähe knappkantig am Innenstoff einmal rundum, dadurch wird auch die Wendeöffnung verschlossen.

Viel Spaß beim Befüllen und Verschenken!

Spezielle Techniken

Mit der richtigen Technik macht das Nähen noch mehr Spaß. Als ich mir vor vielen Jahren das Nähen selbst beigebracht habe, hatte ich mit vielen Anfängerfehlern zu kämpfen. Abgebrochene Nadeln, schlecht sitzendes Schrägband und dicke Knubbel im Stoff an den Enden des Reißverschlusses waren an der Tagesordnung. Ich habe viel nachgelesen und auch aus einigen sehr wertvollen YouTube-Videos viel gelernt. Mit der Zeit habe ich dann eigene Abläufe für mich etabliert.

In diesem Kapitel stelle ich dir einige Techniken vor, die in meinen Projekten immer wieder verwendet werden und dir den Ablauf erleichtern.

Applikationen mit Vliesofix

Die Entdeckung von Vliesofix hat tatsächlich meinen Nähalltag revolutioniert. Es handelt sich um ein beidseitig haftendes Vlies mit Trägerpapier auf einer Seite.

Für meine Applikationen schneide ich zuerst das gewünschte Motiv grob aus. In etwa derselben Größe schneide ich ein Stück Vliesofix zurecht und bügle es mit der rauen Seite auf die linke Seite des Motivs.

Durch das Bügeln werden die Ränder versiegelt und der Stoff franst nicht so leicht aus. Nun schneide ich das Motiv exakt aus und entferne das Trägerpapier.

Das Motiv kann jetzt mit der mit Vliesofix beschichteten Seite nach unten auf den gewünschten Stoff gebügelt werden. An den Rändern nähe ich noch mal knappkantig rundherum. Wer den Rand besonders ordentlich versäubern möchte, wählt einen Zickzackstich.

Schrägband

Bei meinen ersten Nähversuchen habe ich die Verwendung von Schrägband, auch »Bias Tape« genannt, so gut es ging vermieden, dabei ist das vorgefalzte Einfassband so vielseitig verwendbar.

Am liebsten benutze ich es zum sauberen Verbinden von zwei Stoffen, ohne dass am Ende noch mal auf rechts gewendet werden muss. Lege die zu verbindenden Stoffe so aufeinander, wie sie am Ende liegen sollen. Du kannst die Lagen mit einer knappkantigen Naht fixieren. Und mit ein bisschen Übung und der richtigen Technik bekommt man das sehr schnell gut hin.

Stoffkante mit Schrägband einfassen:

1. Klappe die Falzung des Schrägbands auf und lege es mit der Seitenkante an den einzufassenden Stoff.

2. Nähe das Schrägband genau im Falz mit einem langen Geradstich fest.

3. Falte jetzt die offene Kante am Falz ein und klappe sie auf die Rückseite.

Tipp

Achte darauf, dass die rückseitige Naht vom Schrägband bedeckt ist.

4. Nähe das Schrägband knappkantig auf der Vorderseite fest.

Ein Werkstück rundherum mit Schrägband versäubern:

Häufig wird eine Form rundum mit Schrägband eingefasst. Den Übergang der beiden Enden sauber hinzubekommen, ist schon eine kleine Herausforderung.

Stecke das Schrägband rundherum fest und achte darauf, dass es gleichmäßig und ohne Falten aufliegt.

Beginne etwa 4 cm vom Anfang des Schrägbands entfernt zu nähen. Nähe wie vorher beschrieben entlang der ersten Falzlinie.

Nähe rund um das Werkstück, bis etwa 5-7 cm vor den Ausgangspunkt, und verriegele die Naht.

Halte das Schrägband wie in der Abbildung oben mit zwei Fingern so zusammen, wie es später an der Kante anliegen soll. Markiere die Innenseite des entstehenden Knicks auf beiden Seiten mit Trickmarker.

Ziehe das Schrägband so weit es geht von deinem Werkstück weg und nähe die beiden Enden genau an den gekennzeichneten Linien rechts auf rechts aufeinander.

Du kannst den Überstand bis auf ein paar Millimeter zurückschneiden und das Schrägband entlang der ersten Falzlinie fertig annähen. Alle weiteren Schritte entsprechen der allgemeinen Anleitung zum Annähen von Schrägband.

Tetra Pak verarbeiten

Nähen mit Tetra Pak klingt erstmal ungewohnt. Über Pinterest bin ich auf diese Idee gestoßen und seit ich es das erste Mal ausprobiert habe, lässt mich das Thema nicht mehr los. Und weil meine Kinder sehr gerne Milch bzw. Kakao trinken, gibt es bei uns immer reichlich Materialnachschub.

Erstaunlicherweise ist Tetra Pak für die Nähmaschine kein Problem. Aber das Genialste an der Sache ist, dass man Stoff auf die Beschichtung aufbügeln kann, ohne dass Vlies oder andere Hilfsmittel benötigt werden. Der Stoff verbindet sich mit der Beschichtung und wird dadurch stabilisiert und geglättet.

Ich gehe in folgenden Schritten vor:

1. Zuerst sollte dein Getränkekarton gründlich gewaschen und getrocknet werden. Am besten lässt du ihn über Nacht trocknen. Ist das Tetra Pak noch feucht, schlägt der Stoff unschöne Wellen.
2. Schneide die gewünschte Form bzw. Vorlage aus.
3. Als nächstes brauchst du ein Stück Stoff, welches an allen Kanten etwa 1,5 cm über deine Tetra-Pak-Form überstehen sollte. Lege den Stoff mit der linken Seite nach unten auf das Tetra Pak.
4. Bügle mit mittlerer Hitze, bis sich der Stoff und die Tetra-Pak-Beschichtung überall gleichmäßig verbunden haben.
5. Bügle dann den Überstand auf die Rückseite, am besten beginnst du bei den Ecken. An manchen Stellen ist es notwendig, den Stoff vorsichtig einzuschneiden, um zum Beispiel die Rundungen schön herauszuarbeiten.

Für die Rückseite brauchst du ein entsprechend großes Stück Bastelfilz. Lege dein Tetra Pak mit der unschönen Seite nach unten auf den Bastelfilz und fixiere ihn mit Klammern. Nähe nun knappkantig auf der Stoffseite die Ränder entlang. So fixiert der Filz den zurückgebügelten Stoff und die Ränder fransen nicht aus.

Tipp

Du kannst zuerst nur den groben Umriss aus dem Bastelfilz vorbereiten und erst nach dem Nähen die exakte Form ausschneiden.

Du kannst jetzt dein vorbereitetes Tetra Pak für viele verschiedene Projekte verwenden.